— 스크린 영어 리딩 —

스크린 영어 리딩 – 어벤져스 : 인피니티 워

Screen English Reading – Avengers - Infinity War

초판 1쇄 발행 · 2019년 10월 30일
초판 2쇄 발행 · 2020년 1월 30일

번역 및 해설 · 박민지
발행인 · 이종원
발행처 · (주)도서출판 길벗
브랜드 · 길벗이지톡
출판사 등록일 · 1990년 12월 24일
주소 · 서울시 마포구 월드컵로 10길 56(서교동)
대표전화 · 02)332-0931 | **팩스** · 02)323-0586
홈페이지 · www.gilbut.co.kr | **이메일** · eztok@gilbut.co.kr

기획 및 책임편집 · 신혜원(madonna@gilbut.co.kr) | **디자인** · 최주연
제작 · 이준호, 손일순, 이진혁 | **영업마케팅** · 김학흥, 장봉석
웹마케팅 · 이수미, 최소영 | **영업관리** · 김명자, 심선숙 | **독자지원** · 송혜란, 홍혜진

편집진행 · 김해리 | **전산편집** · 연디자인 | **CTP 출력** · 예림인쇄 | **인쇄** · 예림인쇄 | **제본** · 예림바인딩

ISBN 979-11-6050-895-6 03740 (길벗 도서번호 301023)
정가 16,000원

이 도서의 국립중앙도서관 출판예정도서목록(CIP)은 서지정보유통지원시스템 홈페이지(http://seoji.nl.go.kr)와 국가자료종합목록 구축시스템(http://kolis-net.nl.go.kr)에서 이용하실 수 있습니다. (CIP제어번호 : CIP2019027908)

독자의 1초까지 아껴주는 정성 길벗출판사

(주)도서출판 길벗 | IT실용, IT/일반 수험서, 경제경영, 취미실용, 인문교양(더퀘스트) **gilbut.co.kr**
길벗이지톡 | 어학단행본, 어학수험서 **gilbut.co.kr**
길벗스쿨 | 국어학습, 수학학습, 어린이교양, 주니어 어학학습 **gilbutschool.co.kr**

페이스북 · www.facebook.com/gilbuteztok | 네이버 포스트 · http://post.naver.com/gilbuteztok
유튜브 · https://www.youtube.com/gilbuteztok

스크린 영어 리딩

번역·해설 **박민지**

영어 고수들은 영화를 읽는다!

영어 고수들이 추천하는 영어 학습법, 원서 읽기

'원서 읽기'는 영어 고수들이 가장 강력하게 추천하는 영어 학습법입니다. 언어학자, 영어 교육자 할 것 없이 영어 고수들이 입을 모아 원서 읽기를 추천하는 이유는 무엇일까요? 첫째, '원서 읽기'는 간편합니다. 대화 상대가 있어야 연습이 가능한 영어회화와 비교하면, 원서 읽기는 책만 있으면 언제 어디서든 혼자서도 학습이 가능합니다. 스스로를 영어 환경에 노출시킬 수 있는 가장 간단한 방법이죠. 둘째, '원서 읽기'는 경제적입니다. 책 한 권만 있으면 독학이 가능합니다. 유명한 학원을 갈 필요도, 비싼 강의를 들을 필요도 없습니다. 내 수준과 취향에 맞는 책 한 권만 고르면 그 어떤 강의 부럽지 않은 효과를 낼 수 있습니다. 셋째, '원서 읽기'는 효과적입니다. 영어 문장을 꾸준히 읽다 보면 문장 구조를 자연스럽게 파악할 수 있습니다. 많은 문장을 접하면 나중엔 길고 복잡한 문장도 끊어읽기가 가능해지죠. 또한 상황을 머리에 그리며 단어를 익히기 때문에 단어의 어감을 확실히 익힐 수 있습니다. 기계적으로 문법과 단어를 외우는 것보다 훨씬 효과적입니다. 우리말과 마찬가지로 외국어 역시, 책을 많이 읽어야 어휘력과 독해력이 늘어나며 실력이 향상됩니다.

어떤 책을 읽어야 할까?

원서 읽기가 이렇게 좋은데, 정작 영어책 한 권을 완독했다는 사람을 찾기 힘든 이유는 무엇일까요? 대부분의 경우 적절한 책을 선정하는 데 실패했기 때문입니다. 원서 읽기에 도전하겠다고 호기롭게 고전 소설을 펼쳤다가 며칠도 안 돼 포기한 경험 한 번쯤 있으시죠? 우리말로 읽어도 난해한 소설을 영어로 읽는 것은 애초에 성공할 확률이 아주 낮은 도전입니다. 낯설고 어려운 텍스트로 공부하면 동기부여가 되지 않기 때문입니다. 생각만해도 스트레스가 쌓이죠. 읽으면서 즐거움을 느낄 수 있는 책을 찾는 것이 가장 중요합니다. 영어 독해 문제를 풀 때, 내가 알고 있는 정보가 나오면 독해가 쉽게 느껴졌던 경험이 있나요? 내가 알고 있는 것, 배경지식이 있는 것은 영어로도 쉽게 읽히기 때문입니다. 그래서 원서 읽기를 한다면, 내가 아는 이야기로 하는 것이 훨씬 도움됩니다. 스토리를 알고 있으니 문맥을 살피며 단어의 뜻을 유추할 수 있습니다. 이 책은 마블 히어로 영화 〈어벤져스-인피니티 워〉로 원서 읽기를 할 수 있습니다. 마블 영화를 좋아하는 사람이라면 누구든 흥미롭게 학습할 수 있죠. 영화 장면을 떠올리며 읽으면 상황의 맥락과 단어의 뉘앙스를 정확하게 파악하는 데 큰 도움이 될 것입니다. 영화의 감동을 원서로 한 번 더 느껴보세요.

이 책의 구성

이 책은 본책과 워크북, 두 권으로 구성되어 있습니다. 원서의 내용을 담은 본책은 영한대역으로 구성했습니다. 워크북은 어려운 단어와 표현의 해설을 담았습니다.

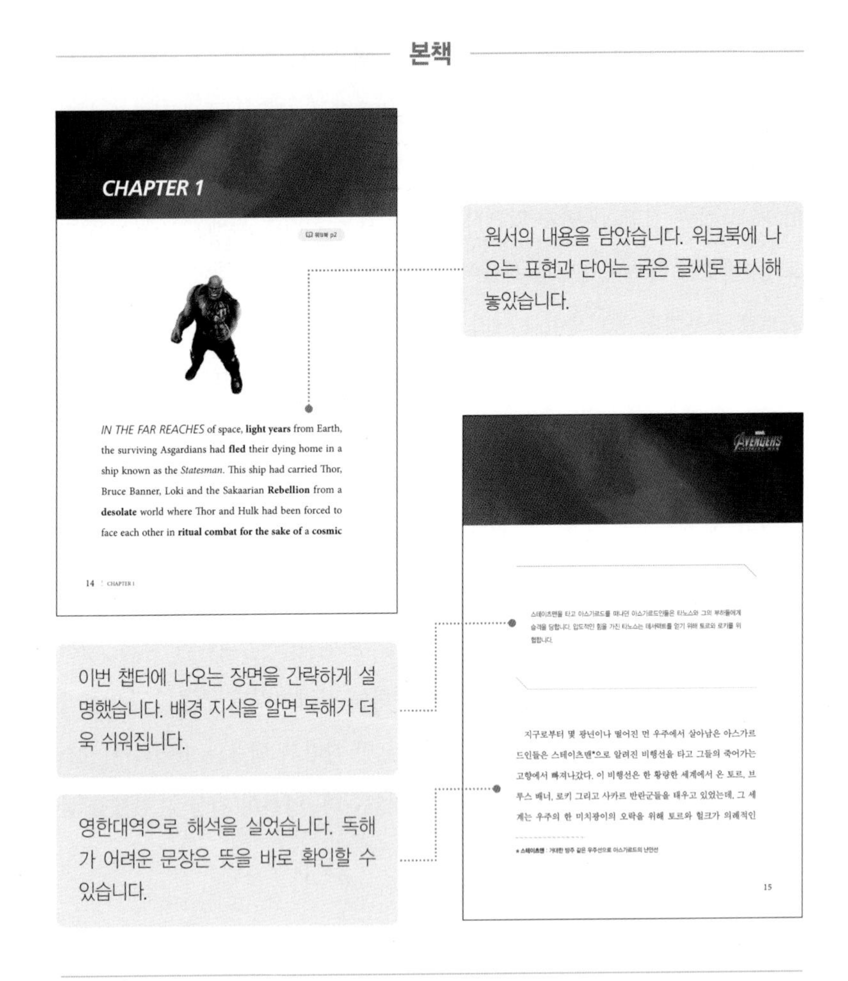

워크북

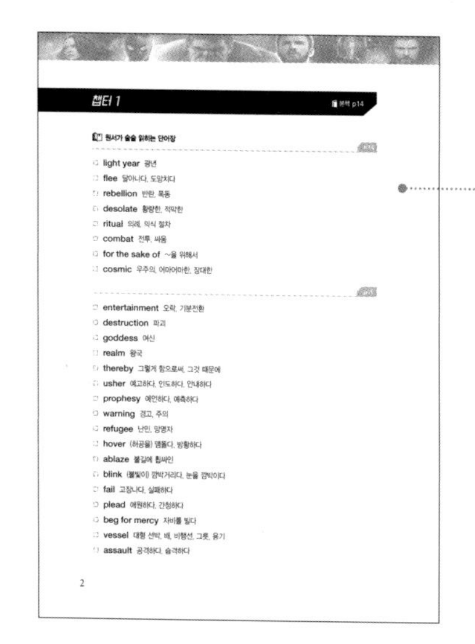

챕터 1 본책 p14

원서가 술술 읽히는 단어장

- light year 광년
- flee 달아나다, 도망치다
- rebellion 반란, 폭동
- desolate 황량한, 적막한
- ritual 의례, 의식 절차
- combat 전투, 싸움
- for the sake of ~을 위해서
- cosmic 우주의, 어마어마한, 장대한

- entertainment 오락, 기분전환
- destruction 파괴
- goddess 여신
- realm 왕국
- thereby 그렇게 함으로써, 그것 때문에
- usher 예고하다, 인도하다, 안내하다
- prophesy 예언하다, 예측하다
- warning 경고, 주의
- refugee 난민, 망명자
- hover (허공을) 맴돌다, 방황하다
- ablaze 불길에 휩싸인
- blink (불빛이) 깜박거리다, 눈을 깜박이다
- fail 고장나다, 실패하다
- plead 애원하다, 간청하다
- beg for mercy 자비를 빌다
- vessel 대형 선박, 배, 비행선, 그릇, 용기
- assault 공격하다, 습격하다

2

원서의 단어 뜻을 실었습니다. 쪽수가 표기되어 있어 간편하게 찾아볼 수 있습니다.

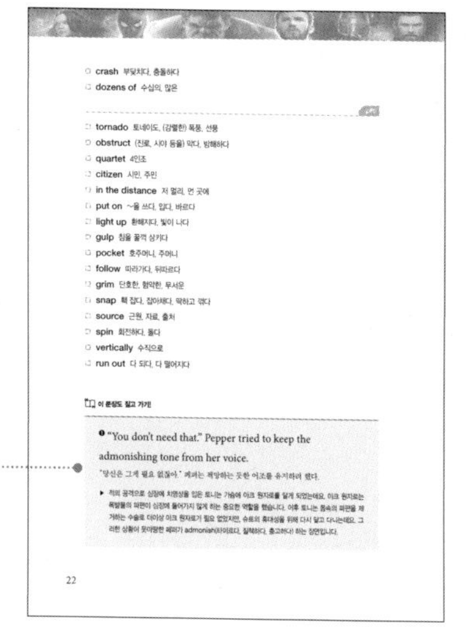

- crash 부딪치다, 충돌하다
- dozens of 수십의, 많은

- tornado 토네이도, (강렬한) 폭풍, 선풍
- obstruct (진로, 시야 등을) 막다, 방해하다
- quartet 4인조
- citizen 시민, 주민
- in the distance 저 멀리, 먼 곳에
- put on ~을 쓰다, 입다, 바르다
- light up 환해지다, 빛이 나다
- gulp 침을 꿀꺽 삼키다
- pocket 호주머니, 주머니
- follow 따라가다, 뒤따르다
- grim 단호한, 험악한, 무서운
- snap 확 잡다, 잡아채다, 딱하고 꺾다
- source 근원, 자료, 출처
- spin 회전하다, 돌다
- vertically 수직으로
- run out 다 되다, 다 떨어지다

이 문장도 짚고 가기!

❶ "You don't need that." Pepper tried to keep the admonishing tone from her voice.

'당신은 그게 필요 없잖아.' 페퍼는 책망하는 듯한 어조를 유지하려 했다.

▶ 적의 공격으로 심장에 치명상을 입은 토니는 가슴에 아크 원자로를 달게 되었는데요. 아크 원자로는 폭발물의 파편이 심장에 들어가지 않게 하는 중요한 역할을 했습니다. 이후 토니는 몸속의 파편을 제거하는 수술로 더이상 아크 원자로가 필요 없었지만, 슈트의 휴대성을 위해 다시 달고 다니는데요. 그러한 상황이 못마땅한 페퍼가 admonish(타이르다, 질책하다, 충고하다) 하는 장면입니다.

22

어려운 표현 설명을 실었습니다. 배경지식이나 관용어구를 중심으로 설명했습니다.

이 책의 학습법

자신에게 맞는 학습법을 찾는 것이 가장 좋지만, 어떻게 학습해야 할지 감이 잡히지 않는다면 영어 수준에 맞춘 학습법을 추천해드립니다.

■ 내 수준 체크하기

내가 어느 정도 수준인지 잘 모르겠다면, 한 챕터를 골라 눈으로 읽어보세요. 10~30% 해석되면 초급, 반 정도 해석되면 중급, 70% 이상 해석되면 고급 수준입니다.

■ 초급자라면 워크북부터 학습해보세요

원서를 읽기 전에 단어 뜻을 눈으로 훑어보세요. 모르는 단어에는 체크를 해둡니다.(절대 단어를 외우려고 하지 마세요.) 단어 뜻을 대강 익혔다면 본격적으로 원서를 읽습니다. 해석을 먼저 읽고 내용을 파악해두면 영문 읽기가 훨씬 수월합니다. 정해진 분량을 학습한 후 다시 워크북으로 돌아가 단어를 다시 쭉 훑어보세요. 아까 체크한 단어들이 확실하게 각인되었을 것입니다.

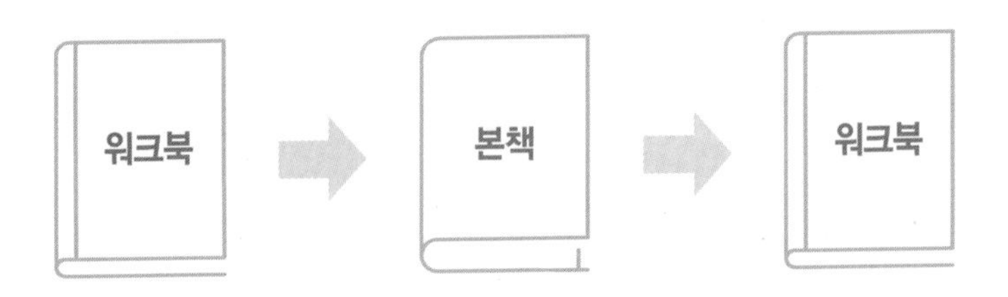

■ **중고급자라면 원서부터 읽어보세요.**

중고급자라면 먼저 원서를 쭉 읽어보세요. 막히는 부분이 있어도 해석과 단어 뜻을 보지 말고, 문맥으로 의미를 유추하며 계속 읽습니다. 다시 봐도 이해되지 않는 구문과 단어는 워크북을 참고하세요. 단어를 따로 체크해놓았다가 다음날 학습하기 전에 복습하는 것, 잊지 마세요.

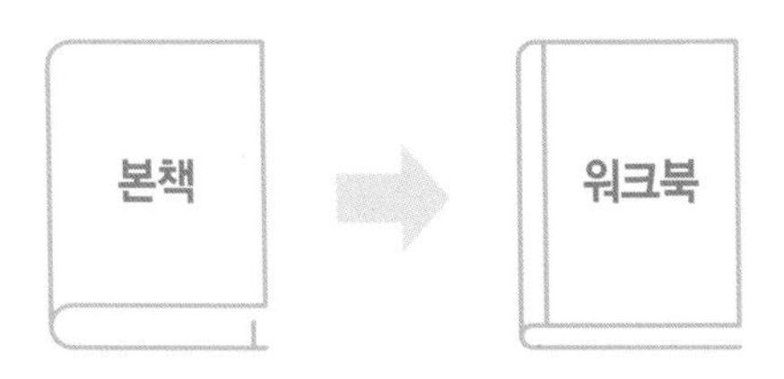

주요 등장인물 소개

캡틴 아메리카 스티브 로저스

제2차 세계 대전 당시, 나라에 도움이 되기 위해 군대에 지원하지만 허약한 몸이 결격사유가 되어 수차례 입대를 거부당한다. 슈퍼 솔져 프로젝트에 자원하여 인간의 한계를 뛰어 넘은 초인 병사로 거듭나며 그토록 염원하던 전쟁에 참전한다.

아이언맨 토니 스타크

억만장자이자 천재 발명가, 무기 제조사 '스타크 인더스트리'의 CEO이다. 적의 공격으로 심장에 치명상을 입지만, 목숨을 지킬 수 있는 슈트를 만들어 기사회생한다. 이 일을 계기로 무기 만드는 것을 그만두고 '아이언맨'으로 거듭난다.

블랙 위도우 나타샤 로마노프

구 소련 스파이 출신으로 코드네임은 '블랙 위도우'이다. 제2차 세계 대전 중 러시아에서 신체 개조를 받아 강한 신체 능력을 갖게 되었다. 현재는 국제평화유지기구 쉴드(S.H.I.E.L.D)의 요원으로 활동 중이다.

헐크 브루스 배너

감마선을 연구하는 과학자였으나, 실험 도중 감마선에 노출되어 거대한 녹색 괴물 '헐크'가 되었다. 평소엔 브루스 배너 박사의 모습이지만, 화가 나면 어마어마한 파괴력을 가진 헐크로 변신한다.

토르 토르 오딘슨

우주 먼 곳에 존재하는 '아스가르드'라는 행성의 왕이자 천둥의 신이다. 천둥과 번개를 사용할 수 있는 능력이 있으며 '묠니르'라는 망치가 주무기이다.

호크아이 클린트 바튼

초능력은 없지만, 그를 상쇄할 만한 궁술와 격투술을 겸비하고 있다. 쉴드의 요원으로 활동하다가 어벤져스의 일원이 된다.

비전

울트론이 육체를 만드는 과정에서 탄생한 안드로이드. 사람과 거의 같은 형상을 하고 있으며 이마에 마인드 스톤이 박혀있다.

타노스

인피니티 스톤의 힘으로 우주 생명체의 반을 없애려 한다. 인구의 반이 사라져야 우주가 평화를 되찾을 수 있다고 믿으며 인피니티 스톤을 수집한다.

목차

CHAPTER 1

워크북 p2

IN THE FAR REACHES of space, **light years** from Earth, the surviving Asgardians had **fled** their dying home in a ship known as the *Statesman*. This ship had carried Thor, Bruce Banner, Loki and the Sakaarian **Rebellion** from a **desolate** world where Thor and Hulk had been forced to face each other in **ritual combat for the sake of** a **cosmic**

스테이츠맨을 타고 아스가르드를 떠나던 아스가르드인들은 타노스와 그의 부하들에게 습격을 당합니다. 압도적인 힘을 가진 타노스는 테서랙트를 얻기 위해 토르와 로키를 위협합니다.

지구로부터 몇 광년이나 떨어진 먼 우주에서 살아남은 아스가르드인들은 스테이츠맨*으로 알려진 비행선을 타고 그들의 죽어가는 고향에서 빠져나갔다. 이 비행선은 한 황량한 세계에서 온 토르, 브루스 배너, 로키 그리고 사카르 반란군들을 태우고 있었는데, 그 세계는 우주의 한 미치광이의 오락을 위해 토르와 헐크가 의례적인

★ **스테이츠맨** : 거대한 방주 같은 우주선으로 아스가르드의 난민선

madman's **entertainment**.

After the **destruction** of Asgard by Surtur—called forth to keep the **goddess** of Death, Hela, from claiming the Nine **Realms** as hers—**thereby ushering** in the **prophesy** known only in whispered **warnings** as Ragnarok, the **refugees** were left to seek out a new home.

Unfortunately, they had only found more destruction.

Hovering dead in space, the *Statesman* was **ablaze**. Lights were **blinking** on and off as the ship's power systems began to **fail**. A voice called out to anyone who could hear them, **pleading** for help. **Begging for mercy**.

"This is the Asgardian refugee **vessel**, *Statesman*. We are under **assault**. I repeat, we are under assault!" The voice continued: "The engines are dead, **life support** is failing. **Requesting aid** from any vessel **within range**. We are twenty-two jump points out of Asgard."

The ship **responsible for** the destruction of the *Statesman* **dwarfed** the vessel, **menacing** as it hung, the **curved** wings **enveloping** them. The **colossal** ship was the

전투에서 서로 싸우도록 강요받은 곳이었다.

아홉 왕국이 자신의 것이라고 주장하는 죽음의 여신 헬라를 막기 위해 소환된 수르트에 의해 아스가르드가 파괴되었고, 그리하여 은밀히 전해진 라그나로크라는 경고의 예언이 이루어진 후, 피난민들은 새로운 보금자리를 찾아 떠났다.

하지만 불행히도, 그들은 더 큰 파괴를 마주하게 될 뿐이었다.

스테이츠맨은 우주에서 작동을 멈추고 정지한 채 불에 타고 있었다. 비행선의 동력 장치가 고장 나기 시작하자 불빛이 켜졌다 꺼지며 깜빡거렸다. 어떤 목소리가 그 목소리를 들을 수 있는 누군가에게 도움을 요청하고 있었다. 자비를 구했다.

"여기는 아스가르드인의 구조선 스테이츠맨이다. 우리는 공격을 받고 있다. 다시 말한다. 우리는 공격을 받고 있다!" 음성은 계속 이어졌다. "엔진은 고장 났고, 생명 유지 장치는 작동하지 않는다. 범위 내에 있는 모든 비행선에 구조를 요청한다. 우리는 아스가르드에서 22점프 포인트 지점이다."

스테이츠맨을 파괴한 우주선은 스테이츠맨이 왜소해 보일 만큼 컸으며, 둘러싼 곡면 날개를 늘어뜨려 위협적이었다. 그 거대한 우주선은 은하계의 '미친 타이탄', 타노스의 기지 생츄어리 2호였다.

Sanctuary II: the base of the **galactic** "**Mad** Titan," Thanos.

"Our **crew is made up of** Asgardian families. We have very few **soldiers** here. This is not a war **craft**. I repeat, this is *not* a war craft."

Aboard the *Statesman*, a figure **emerged** from the destruction. This was Ebony Maw. He had a **flat**, **elongated** face with **sunken** eyes and wide lips that stretched across a mouth that **rarely** smiled. **Tufts** of white hair on the back of his head. He **strolled** through the wreckage, his tight black **robes** with gold **trim**, dark pants and heavy boots leaving only his face and hands visible. He pressed his hands together, his long **fingertips** touching gently, as **pale** and **wrinkled** as his face. His voice was **unnervingly soothing** given the **chaos** that surrounded him.

"You have had the **privilege** of being saved by the Great Titan."

He **stepped over** several bodies, all badly **wounded**. "You may think this is **suffering**."

"우리 탑승자는 아스가르드인 가족들로 구성되어 있다. 여기에 군인은 거의 없다. 이건 전함이 아니다. 다시 말한다. 이건 전함이 아니다."

스테이츠맨에 탑승한 한 형체가 파괴의 현장에서 나타났다. 에보니 모였다. 그는 납작하고 긴 얼굴에 움푹 들어간 눈과 좀처럼 웃지 않는 입을 가로지르는 넓은 입술을 가지고 있었다. 그의 뒤통수에는 한 움큼의 흰 머리가 있었다. 모는 금색 테두리가 있는 타이트한 검은색 옷에 어두운색 바지를 입고 있었고 무거운 부츠를 신은 채 오직 얼굴과 손만 눈에 보이는 상태로 잔해를 걸어 다녔다. 그는 얼굴만큼 창백하고 주름진 두 손을 서로 맞대 긴 손끝을 부드럽게 닿게 했다. 그를 둘러싼 혼돈을 고려하면 불안할 정도로 마음을 진정시키는 목소리였다.

"너희는 위대한 타이탄에게 구원을 받는 특권을 누렸다."

그는 시체를 넘어 다녔는데 모두 심하게 다친 상태였다. "너희들은 이것을 고통이라고 생각할지도 모르지."

Heimdall, former keeper of the Bifrost, **grunted**, bloodied and **bruised** as he tried to lift himself of the ship's **deck**. Blood ran in his eye as he **collapsed** back down, **mentally** praying to Odin and the **All-Fathers** of old. The all-seeing god couldn't **bear** to face the **horrors** taking place around him.

"No." Ebony Maw looked to the **heavens**, his voiced raised. "It is ***salvation***."

As Ebony Maw **marched** through the dead and dying, the rest of the Black Guard entered. Considered his "**siblings**," the members of the Black Guard had all been found and **raised** by Thanos, taken from their home worlds to **assist** him **on his mission**—a mission that only Thanos and his **disciples** could **fathom** as just. The first to enter was Proxima Midnight, whose **deep-set eyes glowered** as she held her electric **staff**, charged and **crackling**. Next, Cull Obsidian entered **snarling**, his huge **frame dominating** above them all, his **deadly** techno-hammer gripped in his hands, his **scaly** skin and **bony**

과거 바이프로스트*의 문지기였던 헤임달은 피투성이에 멍이 든 채 비행선의 갑판에서 몸을 일으키려 애쓰며 신음했다. 마음속으로 오딘과 고대의 신들에게 기도하며 다시 쓰러질 때 그의 눈에서 피가 흘러내렸다. 모든 것을 꿰뚫어 보는 이 신은 자신을 둘러싼 참상을 마주할 수 없었다.

"아니." 에보니 모가 하늘을 바라보며 목소리를 높였다. "이것은 구원이다."

에보니 모가 죽은 자들과 죽어가는 자들 사이로 나아갈 때, 나머지 블랙 가드들이 들어섰다. 그의 '형제'로 여겨지는 블랙 가드들은 타노스에게 발견되어 키워졌는데, 타노스가 자신의 임무를 돕게 하려고 그들을 고향 세계로부터 데리고 나왔다. 타노스와 그의 제자들만 온전히 이해할 수 있는 임무였다. 처음으로 들어온 자는 프록시마 미드나이트였다. 프록시마 미드나이트가 전기 창을 잡자 충전되며 치직거리는 소리를 냈고, 그녀의 움푹한 눈이 빛났다. 다음으로 컬 옵시디언이 으르렁대며 들어왔는데, 그의 거대한 골격은 그들 중에서도 압도적이었다. 손에 쥐고 있는 치명적인 테크노 해머와 비늘 같은 피부, 가시 같은 것이 솟아있는 머리는 그를 바라보는

---

* **바이프로스트** : 먼 거리도 빠르게 이동할 수 있는 무지개다리

ridged head **striking fear into** any **survivors** who **dared look upon** him. Finally, the **lithe** Corvus Glaive entered, looking like a dark hooded **elf**, holding his **double-ended spear** at his side, ready for a fight.

The **trio** surrounded their **prisoner**, Loki, who could only watch in horror as those he **briefly ruled** over **perished**.

"**Universal** scales **tip** toward balance because of your **sacrifice**." Ebony Maw looked into the eyes of a **gravely** wounded Asgardian, his face **softening**. "Smile," he said, as the dying woman breathed her last breath. "For even in death, you have become Children of Thanos."

He stepped **aside** to let the **figure** next to him pass, the figure that **loomed** even taller than the others, the figure the Children of Thanos called "Father": Thanos. His purple-**hued** hide-like skin was covered in battle **armor**, his **helmed** head **revealing** cold, **dispassionate** eyes. One hand was gloved in gleaming gold—the Infinity Gauntlet.

❶ **Forged** with six divots, one on each **knuckle** and the

생존자들에게 공포심을 불러 일으켰다. 마지막으로 검은색 모자를 쓴 요정같이 생긴 유연한 콜버스 글레이브가 들어왔다. 그는 양날의 창을 옆에 낀 채 싸울 준비를 하고 있었다.

이 3인조는 그들의 포로인 로키를 둘러싸고 있었고, 로키는 그가 잠시 다스리던 사람들이 끔찍하게 죽어가는 것을 공포 속에서 지켜볼 수밖에 없었다.

"너희의 희생으로 우주의 규모가 균형이 맞춰지는 쪽으로 기울어질 것이다." 에보니 모가 심각하게 상처를 입은 아스가르드인의 눈을 바라보며 표정을 부드럽게 했다. "웃어라." 죽어가는 여자가 마지막 숨을 몰아쉴 때 그가 말했다. "너희는 죽음으로나마 타노스님의 자식이 되었으니."

그는 옆에 있는 인물이 지나가도록 비켜섰는데, 그 인물은 어렴풋이 보아도 그들 중 키가 가장 커 보였다. 그 인물은 타노스의 자식들이 '아버지'라고 부르는 타노스였다. 그의 자주색 가죽 같은 피부는 전투용 갑옷으로 덮여 있었고, 투구를 쓴 머리는 차갑고 냉철한 눈을 드러내고 있었다. 그의 한 손에는 반짝이는 황금색 장갑인 인피니티 건틀렛이 끼워져 있었다. 각 손가락 관절에 하나씩 그리고 손등에 나머지 한 개, 총 여섯 개의 구멍이 있었는데 이것들은

remaining one on the back of the hand, these were to **hold** the Infinity Stones, one of which he **already possessed**. The violet **glow** of the Power Stone **pulsed** as he **flexed** his **fist**. His other hand was **firmly grasped** around Thor's **battered** head, holding the Asgardian **ruler** up like a toy.

"I know what it's like to lose," came Thanos' **gravelly measured** voice as he looked at Loki. "To feel so **desperately** that you're right, yet to fail **nonetheless**. It's **frightening**, turns the legs to jelly. I ask you to what end? **Dread** it. Run from it. **Destiny** arrives all the same. And now it's here. Or should I say, I am."

"You talk too much," Thor **spat**.

Thanos continued speaking to Loki. "The Tesseract." Thanos' voice was **matter-of-fact**. "Or your brother's head. I **assume** you have a **preference**."

"Oh, I do," smiled the god of **mischief**, his voice **daring**. "Kill away."

Without breaking eye contact with Loki, Thanos bent and placed his hand on the side of Thor's face. The Power

인피니티 스톤을 지니기 위한 것이었고, 그중 하나는 이미 그가 소유하고 있었다. 그가 주먹을 쥐자 파워 스톤의 보라색 불빛이 진동했다. 그의 다른 손은 심하게 상처 입은 토르의 머리를 단단히 움켜쥐고 있었으며, 마치 장난감처럼 아스가르드의 지배자를 들어 올렸다.

“난 지는 게 어떤 기분인지 안다.” 타노스가 로키를 바라보며 걸걸하면서도 침착한 목소리로 말했다. “필사적으로 네가 옳다고 느끼지만 패배하지. 무서워서 다리에 힘이 풀릴 거다. 대체 무엇을 위해 그러느냐? 두려워하라. 도망쳐라. 운명은 결국 다 같으니. 그리고 지금 운명이 너희를 찾아왔다. 아니, 내가 왔지.”

“넌 말이 너무 많아.” 토르가 침을 뱉었다.

타노스가 로키에게 계속 말했다. “테서랙트를 내놓아라.” 타노스의 목소리는 무미건조했다. “그렇지 않으면 네 형은 죽는다. 내가 보기엔 네가 선호하는 게 있는 것 같군.”

“그래.” 장난의 신은 미소를 지었고, 그의 목소리는 대담했다. “죽여버려.”

로키와 눈을 마주치며 타노스는 몸을 굽혀 토르의 얼굴 한쪽에 손을 얹었다. 파워 스톤이 접촉하자 빛을 밝혔고 토르의 타는 듯한

Stone lit up upon contact and smoke **instantly** began to rise off Thor's **searing flesh**.

Thor tried to **swallow** a scream but failed. As his cries **echoed** through the broken craft, Loki's eyes flashed in fear. **Throwing up his hands**, Loki suddenly begged off Thanos.

"All right, stop!"

Thanos removed his hand and the Stone **dulled**. His head still **gripped** in the Titan's **vice**-like hand, Thor **coughed** a laugh at Thanos. "We don't have the Tesseract. It was destroyed on Asgard." But Thanos didn't take his eyes off Loki, **expectant**.

Thor looked in horror as his **half-brother** lifted his hand and the gleaming white **cube** that was the Tesseract **appeared** from thin air. Thor **flared** with his one good eye. "You really are the worst, brother," he sighed.

For his part, however, Loki remained **confident**, walking to Thanos, Tesseract in hand. "I assure you, brother, the sun will shine on us again."

피부에서 순식간에 연기가 피어오르기 시작했다.

토르는 비명을 삼키려 했지만 실패했다. 그의 울부짖음이 부서진 우주선 사이로 메아리쳤고, 로키의 눈이 두려움에 번뜩였다. 손을 들어 올리며 로키가 급히 타노스에게 간청했다.

"알겠어. 그만해!"

타노스가 손을 거두었고 스톤은 약해졌다. 타이탄의 사악한 손에 여전히 머리가 움켜쥐어진 채 토르는 타노스에게 웃음을 토해냈다. "우리에겐 테서랙트가 없어. 그건 아스가르드에서 파괴되었어." 하지만 타노스는 기대감을 갖고, 로키에게서 눈을 떼지 않았다.

토르의 이복동생이 손을 들어 올렸고 빛나는 하얀색 정육면체의 테서랙트가 허공에 나타나자 토르는 두려움에 차 보였다. 토르는 다치지 않은 한쪽 눈을 부라렸다. "넌 정말 최악의 동생이야." 그가 한숨을 쉬었다.

그러나 로키는 확신을 가지고 테서랙트를 손에 든 채 타노스에게 걸어갔다. "내가 장담해, 형. 태양이 다시 우릴 비출 거야."

Loki **halted**, **steps away** from delivering the Tesseract to Thanos, a smile on his face. Thanos gave him a cold stare.

❷ "Your **optimism** is **misplaced**, Asgardian."

Loki lifted a finger to correct him, his **cocky** smile growing. "Well, for one thing, I'm not Asgardian. And for another..." ❸ His eyes lit up as the Trickster god revealed the ace up his sleeve.

"... We have a Hulk."

At that, Loki dropped the Tesseract and **dove** toward Thor. He grabbed his half-brother, **freeing** him from Thanos' grasp, and the **pair** rolled just as Loki's words **sunk in** with Thanos and roared to life, **literally**.

With three loud *THUD THUD THUD*'s, the Hulk **charged** from the side of the ship, **leapt**, and **slammed** into Thanos, knocking the giant figure against the wall. The **crumbling** ship shook as the two **collided**. Thanos hit the floor with an **audible** grunt. Hulk faced Thanos and let out a **battle-cry** as though he were back on Sakaar.

로키가 타노스에게 테서랙트를 주려다 물러나며 멈추고는 얼굴에 미소를 띠었다. 타노스가 차가운 눈으로 그를 쳐다보았다.

"네 희망은 헛된 것이야, 아스가르드인."

로키는 타노스의 실수를 바로잡기 위해 손가락을 들었고 거만한 미소가 번졌다. "음, 우선 첫 번째로, 나는 아스가르드인이 아니야. 그리고 또 다음으로는…." 장난의 신 로키가 비장의 무기를 드러내려는 순간 그의 눈이 빛났다.

"우리에겐 헐크가 있지."

그때 로키가 테서랙트를 떨어뜨렸고 토르 쪽으로 몸을 날렸다. 그는 이복형을 잡아 타노스의 손아귀에서 벗어나게 했다. 그리고 로키의 말을 타노스가 이해한 바로 그 순간, 두 사람은 굴러갔고 로키의 말이 말 그대로 실현됐다.

세 번 쿵, 쿵, 쿵 하는 큰 소리와 함께 헐크가 비행선의 측면에서 달려나와 뛰어올랐고, 타노스에게 세게 부딪히며 거대한 그를 벽에 부딪히게 했다. 둘이 충돌하자 부서진 비행선이 흔들렸다. 타노스가 귀에 들릴 정도로 신음을 내며 바닥에 부딪혔다. 헐크는 타노스를 보며 사카르 행성으로 돌아온 것 같은 함성을 내질렀다.

Hulk **bounded** toward the **stunned** Thanos and **waylaid** the **foe** with a powerful **blow**.

Cull Obsidian, seeing his "father" in **distress**, moved to **intercept** the Hulk, wanting to test his own **massive strength** against the green goliath, but Ebony Maw stopped the **brute** with a simple hand gesture.

"Let him have his fun," said Maw **knowingly**.

As he spoke, Thanos turned to Hulk and **blocked** a blow to the head. He countered with a mighty punch to Hulk's neck, which caused the Avenger to **howl** in pain. The tide turned as Thanos landed blow after blow.

Thanos, having **dazed** the Hulk, grabbed him and **hoisted** him above his head in a **swift** motion. With a **wicked grin**, Thanos slammed the stunned hero to the floor. Seeing his friend in trouble, Thor **painfully** rose to his feet, grabbing a pipe. Just as Thanos was about to land a **destructive** blow, Thor swung the pipe, hitting the Titan across the back with a dull *THUD*.

헐크는 정신이 멍해진 타노스 쪽으로 내달렸고 적을 강력한 한 방으로 습격했다.

곤경에 빠진 '아버지'를 본 컬 옵시디언은 초록색 골리앗에 대적해 자신의 엄청난 힘을 시험하려 하며 헐크를 가로채기 위해 움직였지만, 에보니 모가 간단한 손동작으로 그 괴수를 저지했다.

"즐기시게 놔둬." 모가 다 안다는 듯 말했다.

그의 말과 동시에 타노스가 헐크 쪽으로 몸을 돌려 머리 쪽으로 오는 공격을 막았다. 그는 헐크의 목을 강력한 주먹으로 때리며 맞섰고, 그로 인해 그 어벤져스의 일원은 고통에 울부짖었다. 타노스가 일격을 가하고 또 가하자 형세가 역전되었다.

타노스는 충격으로 멍해진 헐크를 붙잡아 빠르게 자신의 머리 위로 들어 올렸다. 타노스는 사악한 미소를 지으며 넋이 나간 영웅을 땅 위로 내리쳤다. 토르는 곤경에 빠진 친구를 보곤 파이프를 잡으며 고통스럽게 일어섰다. 타노스가 엄청난 파괴력을 지닌 주먹을 날리려는 순간, 토르가 파이프를 휘둘러 둔탁한 퍽 소리를 내며 타이탄의 등을 때렸다.

Retaliating, Thanos moved faster than Thor believed possible, **pivoting** on one foot then kicking the thunder god **squarely** in the **chest**, sending him flying. Thor landed in the middle of **twisted** metal, **wreckage** from the **limping** ship. With a gesture, Ebony Maw used his **telekinesis** to bend the metal around the Asgardian, **binding** him in place.

From across the deck, Heimdall grabbed his **sword** and lifted himself to a **slightly elevated** position. His voice was **raspy** as he closed his all-seeing eyes in **prayer**. "All fathers," he **gasped**, "Let the dark magic flow through me one last time." Hand on **hilt**, his **palm** began to glow. Before Thanos or the Children of Thanos could **react**, the rainbow energy of the Bifrost filled the ship and formed into a tunnel that enveloped the battered Hulk. In a bright **blaze**, the **jade behemoth vanished**, carried through the failing *Statesman* out into deep space, where the Bifrost **arced** and **traveled** at faster than light speeds through the galaxy. The Hulk was saved.

토르가 복수하려는데 타노스는 토르가 가능하다고 믿었던 것보다 더 빨리 움직이며 한쪽 발을 축으로 회전한 후 천둥의 신의 가슴을 정면으로 걷어차 그를 날려 보냈다. 토르는 축 늘어진 비행선의 잔해, 뒤틀린 금속 가운데로 떨어졌다. 에보니 모는 손짓으로 염력을 사용해 아스가르드인 주변의 금속을 구부렸고, 그를 그곳에 묶어 두었다.

갑판 맞은편에서 헤임달은 검을 움켜잡고 몸을 약간 들어 올렸다. 만물을 꿰뚫어 보는 두 눈을 감고 그가 기도할 때 그의 목소리는 쉬어 있었다. “선왕들이시여.” 그가 간신히 말했다. “어둠의 마법이 저를 통해 마지막으로 한 번만 흘러나오게 해주소서.” 손에 검 자루를 쥐자 그의 손바닥이 빛나기 시작했다. 타노스와 타노스의 자식들이 반응하기도 전에 바이프로스트의 무지개 에너지가 함선에 가득 찼고, 심한 공격을 받은 헐크를 감싸는 터널이 만들어졌다. 밝은 섬광 속에서 녹색의 거대한 짐승이 사라졌고, 고장난 스테이츠맨을 뚫고 깊은 우주 밖으로 나갔다. 우주에서 바이프로스트는 활 모양을 그리며 은하계를 통해 빛보다 빠른 속도로 이동했다. 헐크는 구조되었다.

Thanos turned to Heimdall, the Asgardian fully **aware** that he would not find the same salvation. He **glared** at Thanos, **judging** the **villain** as he approached the fallen **Keeper** of the Bifrost.

"That was a **mistake**," Thanos said, gripping Corvus Glaive's **cruel**-looking double-ended spear. He lifted in above Heimdall's body and **plunged** it deep into the Asgadian's chest. Heimdall's eyes **widened** it shock. He turned and looked to Thor as the life **seeped** from his body.

Thor struggled against his **metallic restraints**, **furious**. His voice **rattled** in **rage**.

"You're … going to … *die* for that."

Flexing his **mighty** strength, Thor still couldn't get free of his bonds. He saw Ebony Maw flick his **wrist** once more and a piece of **salvage** slammed against Thor's mouth, **muffling** his words to grunts.

"Shh," Maw said with **snide** look.

Ebony Maw **calmly** strode to the fallen Tesseract.

그와 같은 구조를 더 이상 할 수 없다는 것을 충분히 알고 있는 아스가르드인 헤임달에게로 타노스가 몸을 돌렸다. 그가 쓰러진 바이프로스트의 수문장에게 다가오자 헤임달은 악당 타노스를 따지듯 노려보았다.

"그건 실수야." 타노스가 콜버스 글레이브의 잔인하게 생긴 양날의 창을 움켜쥐며 말했다. 타노스는 창을 헤임달의 몸 위로 들어 올려 그 아스가르드인의 가슴을 깊숙이 찔렀다. 충격을 받은 헤임달의 눈이 커졌다. 헤임달의 몸에서 생명이 빠져나오자 타노스는 몸을 돌려 토르를 쳐다보았다.

토르는 분노하며 금속으로 된 결박에서 빠져나오려 몸부림쳤다. 그의 목소리는 격렬한 분노로 떨렸다.

"그 짓에 대한 대가로… 널… 죽일 거다."

강력한 힘을 주어도 토르는 자신을 묶어놓은 것에서 벗어날 수 없었다. 그는 에보니 모가 손목을 한 번 더 휙 움직이는 것을 보았고, 우주선의 구조물 중 한 조각이 토르의 입에 쾅 하고 부딪히며 토르가 으르렁거리듯 하는 말을 막아버렸다.

"쉿." 모가 나무라는 표정으로 말했다.

에보니 모는 태연하게 땅에 떨어진 테서랙트로 성큼성큼 걸어갔

Awestruck, he held it in his hands, the very cube that had driven people mad by the **mere whispers** of power it seemed to usher, filling the heads of less-willful beings.

But Maw had long ago **submitted** to the fact that there was only one true power in the Universe: his master and **adoptive** father, to whom he now presented the Tesseract.

"My **humble personage** bows before your **grandeur**." Ebony Maw lowered his head in **reverence** as he lifted the Tesseract with his **spindly** arms. "No other being has ever had the might, nay, the ***nobility*** to **wield** not one, but two Infinity Stones."

Thanos handed the spear back to Corvus Glaive then turned to take the Tesseract from his humble **servant**'s hands. He held it to his face, peering as though he could see into the cube itself. **Suddenly**, his massive hand closed around the cube and **shattered** it in a **brilliant** blaze. Opening his hand, he blew away the **shards** to reveal a **gleaming oval** stone, the **purest** blue ever seen since the **dawn** of time itself.

다. 경이로움에 찬 그는 큐브가 이끄는 듯한 힘의 작은 속삭임만으로 사람들을 미치게 만들며, 의지가 부족한 존재들에게 생각을 주입하는 바로 그 큐브를 손으로 들었다.

그러나 모는 우주에 오직 하나의 진정한 힘이 있다는 사실을 오래전에 받아들였다. 바로 지금 그가 테서랙트를 건네주고 있는 그의 주인이자 새아버지인 타노스였다.

"이 미천한 몸, 당신의 위대함 앞에 고개를 숙입니다." 에보니 모가 막대같이 가는 팔로 테서랙트를 숭배하듯이 들어 올리며 머리를 숙였다. "다른 어떤 존재도 인피니티 스톤 하나가 아닌 두 개를 다룰 수 있을 만큼 강력한, 아니, 고귀한 존재는 없었습니다."

타노스가 콜버스 글레이브에게 창을 다시 건네주고는 그의 미천한 신하의 손에서 테서랙트를 가져가기 위해 몸을 돌렸다. 그가 큐브를 얼굴 앞으로 들어 올려 안을 들여다보듯 자세히 살폈다. 갑자기 타노스의 거대한 손이 큐브를 에워쌌고 눈부신 빛 속에서 큐브가 산산이 부서졌다. 그는 손을 펼쳐 빛나는 타원의 스톤을 드러내기 위해 파편을 날려 보냈고, 그 스톤은 천지개벽 이래 본 것 중 가장 순수한 청색이었다.

The Space Stone pulsed **radiant energy** in its new master's hand.

"The universe lies within your grasp." Maw's **voice** praised.

Thanos **deftly** danced the Stone in his hands before gently holding it with his **thumb** and **index finger**. He raised his right hand, the gleaming Infinity Gauntlet shining. The Space Stone's "sibling" started to pulse as the Power Stone **vibrated** in its place on the index knuckle. Thanos gently dropped the Space Stone into the slot on his middle knuckle and was **immediately awash** in **luminous** blue energy.

With two Infinity Stones in his **possession**, Thanos stood taller, if possible. He flexed the Gauntlet and smiled in **satisfaction**. He turned to face the Children of Thanos.

"There are two more Stones on Earth." His **baritone** voice **reverberated** across the ship. "Find them, my children, and bring them to me on Titan."

스페이스 스톤은 방사 에너지로 새로운 주인의 손에서 고동치고 있었다.

"우주는 당신의 지배하에 있습니다." 모의 목소리가 찬양했다.

타노스가 능숙하게 손 위의 스톤을 춤추듯 움직이고는 그것을 엄지와 검지로 살며시 쥐었다. 타노스가 오른손을 들었고, 빛나는 인피니티 건틀렛이 반짝였다. 검지 손가락 관절 부위에서 파워 스톤이 진동하면서 스페이스 스톤의 '형제'가 고동치기 시작했다. 타노스는 스페이스 스톤을 그의 중간 손가락 마디에 있는 자리에 떨어뜨렸고 그곳은 즉시 빛을 발하는 푸른 기운이 넘쳐흘렀다.

인피니티 스톤 두 개를 갖게 되자 타노스는 더욱더 당당하게 섰다. 만약 그것이 가능하다면 말이다. 그가 건틀렛에 힘을 주며 만족스러운 미소를 지었다. 그가 타노스의 자식들에게 고개를 돌렸다.

"지구에 스톤이 두 개 더 있다." 그의 묵직한 목소리가 우주선을 가로지르며 울렸다. "그것들을 찾아라, 나의 아이들아. 그리고 타이탄에 있는 나에게 가지고 오거라."

Proxima Midnight bowed her horned head, **vowing**, "Father, we will not fail you." Corvus Glaive and Cull Obsidian **mirrored** their sister's **bow** in **acknowledgement**.

Before they could leave, a **tentative** voice **interrupted**. "If I might **interject**," said Loki in his smooth tone, "if you're going to Earth, you might want a guide." He smiled. "I do have a bit of **experience** in that **arena**."

"If you consider **failure** experience," Thanos **groused**. He hadn't forgotten Loki's **foiled attempt** to take over New York with the aid of Thanos' Chitauri warriors six years earlier.

Loki gave a **dismissive** wave. "I **consider** experience experience."

Corvus Glaive moved his lithe body to intercept, but Thanos waved him off. Loki continued. "**Almighty** Thanos," he said, voice filling with confidence, "I, Loki, prince of Asgard, Odinson."

At this, he shot a glance to Thor who was **gaping** in horror. Loki gave an almost **imperceptible** look to his

프록시마 미드나이트가 뿔 달린 머리를 숙이며 맹세했다. "아버지, 실망시키지 않겠습니다." 콜버스 글레이브와 컬 옵시디언이 예의를 갖추어 자매의 인사를 따라 했다.

그들이 떠나기 전, 머뭇거리는 목소리가 끼어들었다. "내가 만약 끼어들 수 있다면" 로키가 부드럽게 말했다. "너희가 지구에 간다면 가이드가 필요할 거야." 로키가 미소를 지었다. "내가 그 무대를 조금 경험해 봤거든."

"실패를 경험으로 친다면 말이지." 타노스가 못마땅해하며 말했다. 그는 6년 전, 치타우리족 전사들의 도움을 받아 뉴욕을 점령하려던 로키의 좌절된 시도를 잊지 않고 있었다.

로키는 무시하듯 손을 저었다. "난 경험은 그저 경험이라고 생각해."

콜버스 글레이브가 가로막기 위해 그의 유연한 몸을 움직였지만 타노스가 물러나라고 손짓했다. 로키가 계속 말했다. "위대한 타노스시여." 그가 자신감에 가득 찬 목소리로 말했다. "나, 로키, 아스가르드의 왕자이며 오딘의 아들."

이 말을 하며 로키는 두려움에 넋을 놓고 있는 토르를 힐끗 쳐다보았다. 로키는 형에게 거의 알아차릴 수 없는 표정을 짓고는 타이

brother then continued walking toward the Titan. What Thanos didn't see was the **glint** of a knife hidden in Loki's hand. "The **rightful** king of Jotunheim, god of Mischief, do hereby **pledge** to you my **undying fidelity**."

With **blinding** speed Loki **lunged** at Thanos, knife held high .... only to be stopped in **midair**, frozen in place by the Power Stone.

Thanos' eyes narrowed. "Undying?" The Titan **mused** as he strode forward and gripped Loki's wrist. Twisting it, the knife fell from the would-be **assassin**'s grip as bones **cracked**.

"You should choose your words more carefully," Thanos **chuckled**. In an instant, the gauntleted hand was around Loki's neck, **squeezing** the life from him. Loki twisted in **agony**, face turning blue.

Loki **croaked** out his final words. "You ... will never be ... a god." Whether it was a **threat** or a **premonition**, Thanos would never know. Nor, it seemed, did he care to find out, as he **tightened** his grip.

탄을 향해 계속 걸어갔다. 타노스가 보지 못한 것은 로키의 손에 숨겨진 검의 반짝임이었다. "요툰헤임의 정당한 왕, 장난의 신, 이로써 당신에게 불멸의 충성을 맹세하겠나이다."

로키가 눈이 부신 속도로 타노스에게 달려들어 검을 높이 들었지만… 파워 스톤에 의해 허공에서 저지당해 그 자리에 얼어붙었다.

타노스는 눈을 찌푸렸다. "불멸?" 타이탄은 혼잣말을 하며 앞으로 걸어가 로키의 손목을 움켜쥐었다. 손목을 비틀자 뼈에 금이 가면서 암살을 하려던 자의 손아귀에서 검이 떨어졌다.

"단어를 더 조심해서 선택해야 할 거다." 타노스가 싱긋 웃었다. 순식간에 건틀렛을 낀 손이 로키의 목 주변을 감쌌고, 그의 목숨을 쥐어 짜냈다. 로키의 얼굴이 파랗게 질렸고, 그가 극도의 고통에 몸을 비틀었다.

로키가 마지막 말을 꺽꺽거리듯 내뱉었다. "넌… 절대로… 신이 될 수 없어." 이것이 협박이든 불길한 예언이든 타노스는 전혀 알지 못할 것이다. 그가 손을 단단히 움켜쥐었고, 그것을 알아내는 데 관심이 없는 것처럼 보였다.

Thor's muffled **screams** rose above his half-brother's dying gasps. As Loki's body went limp, Thanos **tossed** it aside like a **rag** doll. He landed near Thor, who managed a **heart-wrenching** "NO!" at the sight of the fallen Loki near him.

"No **resurrections** this time," Thanos stated **plainly** to Thor. Loki's broken body echoed that **claim**.

Thanos raised his hand and the Stones in the Infinity Gauntlet glowed. Making a fist, a black **vortex** formed behind the Children of Thanos. They stepped through it, disappearing. As soon as Ebony Maw had vanished, the metal **shackling** Thor **clattered** to the ground, as did the Asgardian.

Thanos gave him one last look, and Thor met his gaze, **murder** in his eyes. But before Thor could **muster** the strength to rise, Thanos was gone, the **teleportation** energy vanishing with him.

Thor lifted Loki's **lifeless** body and **clutched** it. "No," he cried, softly.

토르의 낮은 절규가 이복동생의 죽어가는 듯한 숨소리보다 커졌다. 로키의 몸이 축 처지자 타노스는 헝겊 인형처럼 그를 한쪽에 아무렇게나 던졌다. 로키는 토르의 옆에 쓰러졌고, 토르는 가슴이 찢어질 듯 아파하며 간신히 "안 돼!"라고 말했다.

"이번에 부활은 없다." 타노스가 토르에게 또렷하게 말했다. 로키의 부서진 몸이 그 주장을 상기시켰다.

타노스가 손을 들자 인피니티 건틀렛의 스톤들이 빛났다. 그가 주먹을 쥐자 타노스의 자식들 뒤로 검은 소용돌이가 형성되었다. 그들이 그곳으로 들어갔고 사라졌다. 에보니 모가 사라지자마자 토르를 옥죄고 있던 금속이 땅으로 와르르 떨어졌고, 아스가르드인도 마찬가지였다.

타노스가 마지막으로 토르를 쳐다보았고, 그의 시선을 맞받는 토르의 눈에는 살기가 있었다. 하지만 토르가 다시 일어날 힘을 모으기도 전에 타노스는 떠나버렸고, 순간이동의 에너지 역시 그와 함께 사라지고 있었다.

토르가 로키의 죽은 몸을 들어 올려 움켜잡았다. "안돼." 그가 조용히 흐느꼈다.

As Thor **mourned** his brother, outside the *Sanctuary II* opened fire on the remains of the *Statesman*. Fires flared as the missiles **impacted** the ship, **ripping** it apart. A silent **explosion tore** the remains apart, **scattering debris** and fallen Asgardians across empty space.

Its job finished, *Sanctuary II* vanished.

Many light years away, the Bifrost sped past a glowing star as it carried the Hulk along its **intergalactic journey**. Impossibly fast, it turned past a familiar looking **orbital moon** and **aimed** itself at the blue and green planet below.

Earth.

In New York City's Greenwich Village, a **stately** manor **graced** the street. To **passersby**, it was an old Victorian pre-war building. But to **precious** few, it was known by its **actual** name: the Sanctum Sanctorum, home to the Master of the Mystic Arts: Doctor Strange.

토르가 동생을 애도하고 있을 때 생츄어리 2호 밖에서 스테이츠맨의 남은 선체에 공격이 시작되었다. 미사일이 우주선에 충돌하자 우주선이 산산이 조각나며 불길이 치솟았다. 고요한 폭발은 남은 선체를 완전히 부쉈고, 잔해와 전사한 아스가르드인들을 공허한 우주에 흩뿌렸다.

임무가 끝나자 생츄어리 2호는 사라졌다.

몇 광년 떨어진 곳에서 바이프로스트는 헐크와 함께 은하계 사이를 이동하며 빛나는 별을 빠르게 지났다. 익숙해 보이는 궤도 위성을 믿기 어려울 정도로 빠르게 지나 그 아래의 푸르고 초록인 행성을 목적지로 향했다.

지구.

뉴욕의 그리니치 마을에서는 한 장중한 저택이 거리를 빛내고 있었다. 행인들에게 그 저택은 빅토리아 시대 전쟁 전의 오래된 건물이었다. 하지만 극소수에게는 진짜 이름으로 알려져 있었다. 생텀 생토럼*, 마법 주술의 대가 닥터 스트레인지의 집.

---

* **생텀 생토럼** : 가장 신성한 성지

Doctor Stephen Strange and his **companion** Wong were **descending** the **grand** staircase inside, his **Cloak** of **Levitation flapping** behind him.

"**Seriously**?" Doctor Strange asked **incredulously**, "You don't have any money?"

Wong **shrugged** as they reached the bottom of the stairs. "**Attachment** to the **material** is **detachment** from the **spiritual**."

Their **metaphysical debate** and **eventual** trip to the corner deli was interrupted by a strange **rumbling**. Doctor Strange looked up at the massive **circular** window that centered the building's front. It rattled slightly. Guided by the Cloak, Strange grabbed Wong and the two dove for cover just as it exploded **inward**!

The rainbow of the Bifrost **plowed** through the stairs, its **passenger** with it. Having reached its final **destination**, the Bifrost **dissolved**, leaving behind a massive hole where the **central** staircase once was.

닥터 스티븐 스트레인지는 레비테이션 망토*를 뒤에서 펄럭이며 그의 동료 웡과 내부에 있는 웅장한 계단을 내려가고 있었다.

"진짜야?" 닥터 스트레인지가 의심스러운 듯이 물었다. "돈이 하나도 없다고?"

그들이 계단 아래에 내려왔을 때 웡이 어깨를 으쓱했다. "물질에 집착하면 정신과 멀어지니까."

그들의 철학적 논쟁과 코너 델리*로의 최종적인 결론은 우르릉 울리는 이상한 소리에 의해 중단되었다. 닥터 스트레인지는 건물의 앞쪽 가운데 있는 거대한 원형 창문을 올려다보았다. 창문이 조금씩 달가닥거렸다. 망토의 도움을 받아 닥터 스트레인지는 웡을 잡았고 두 사람은 내부 폭발로부터 몸을 보호하기 위해 뛰어들었다.

바이프로스트의 무지개가 승객과 함께 계단을 뚫었다. 최종 목적지에 닿은 바이프로스트는 중앙 계단에 거대한 구멍을 남기고 사라졌다.

★ **레비테이션 망토** : 공중부양하는 닥터 스트레인지의 망토

★ **코너 델리** : 샌드위치 가게 이름

Wong and Doctor Strange **carefully** approached the **crater** and **peered in**. Shocked, they saw the Hulk, slowly transforming into his human **alter-ego**, Bruce Banner.

Tattered and **tussled**, Banner had a panicked look in his eye. "Thanos is coming," he **proclaimed**, terrified. "He's coming!"

Strange and Wong **exchanged glances**. Turning back to Banner, Doctor Strange asked a **question** that many before him had asked and were shaken to their core upon hearing the **answer**.

"Who?"

웡과 닥터 스트레인지는 조심스럽게 큰 구멍에 다가가 그 안을 들여다보았다. 충격을 받은 그들은 헐크가 그의 또 다른 자아인 브루스 배너로 천천히 바뀌는 것을 보았다.

몸싸움을 한 듯 너덜너덜해진 배너의 눈에서 공포가 보였다. "타노스가 오고 있어." 그가 공포에 휩싸인 채 알렸다. "그가 오고 있다고!"

스트레인지와 웡은 서로 눈길을 주고받았다. 배너를 다시 쳐다보며 닥터 스트레인지는 그 이전에 많은 사람이 물었고, 대답을 들은 사람들은 뼛속까지 겁을 먹은 질문을 했다.

"누구?"

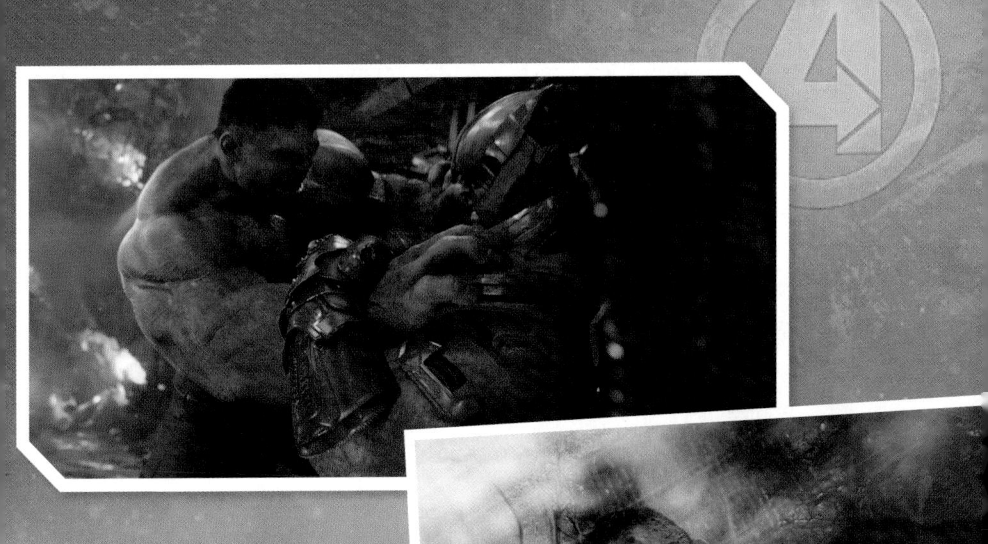

MARVEL
AVENGERS
INFINITY WAR

MARVEL
AVENGERS
INFINITY WAR

CHAPTER 2

워크북 p16

"*YOU'RE* ***TOTALLY*** **rambling**," Pepper Potts said, **laughing** at her jogging partner, and the love of her life.

"No, I'm not," **retorted** Tony Stark, turning to face her, grinding their jog to a walk.

The two were on the **trails** in Central Park, a bright and sunny Spring day. New Yorkers and **tourists** alike were

브루스와 닥터 스트레인지가 토니를 찾아와 도움을 요청합니다. 우주의 절반을 쓸어버리려는 타노스의 계획을 듣게 된 토니는 어벤져스가 가지고 있는 스톤을 지키려 하지만, 그때 정체불명의 우주선이 지구에 도착합니다.

"당신 완전히 횡설수설하고 있어." 페퍼 포츠가 조깅 파트너이자 사랑하는 연인에게 웃으며 말했다.

"아니야." 토니 스타크가 그녀를 마주보며 달리는 속도를 서서히 걸음으로 늦추고는 반박했다.

두 사람은 밝고 화창한 봄날, 센트럴 파크의 산책로에 있었다. 뉴욕 시민들과 관광객들로 보이는 사람들은 조깅이나 피크닉을 하

jogging, picnicking, and enjoying the day. Few **noticed** the **high profile** couple as they **bantered back and forth**, none of them aware of what was coming their way.

"Look, you know how you're having a dream, and in the dream you gotta **pee**?" Tony took off his sunglasses as he continued his story. "And then you're like 'Oh my God! There's no bathrooms. What am I gonna do?'"

Pepper gave a slight grin as she finished his thought. "And then you wake up and in real life you actually have to pee."

"Yes!"

"Yeah, everybody has that," Pepper said, laughing.

"That's the point I'm trying to make." Tony ran his hand through his hair as he **took a breath**. "Last night I dreamt we had a kid."

Pepper gave him a **quizzical** glance. "So you woke up and thought that we were ..."

"Expecting."

"Yeah ..." Pepper wasn't sure if Tony was **serious** or

며 오후를 즐기고 있었다. 몇몇은 농담을 주고받으며 주변의 이목을 끄는 이 커플을 알아봤지만, 그중 누구도 그들에게 무슨 일이 다가오고 있는진 알지 못했다.

"당신이 꿈을 꾸고 있는데 꿈속에서 오줌을 싸고 싶을 때 있잖아?" 토니가 선글라스를 벗으며 이야기를 이어갔다. "그런 다음 당신은 '이런! 화장실이 없잖아. 어떻게 해야 하지?'라고 할 거야."

페퍼가 그의 생각을 마무리 지으며 소리 없이 살짝 웃었다. "그러고 나선 일어나서 현실에서 실제로 오줌을 싸겠지."

"맞아!"

"응, 누구나 그런 경험 있을 거야." 페퍼가 웃으며 말했다.

"그게 내가 말하려는 요점이야." 토니가 심호흡하며 손으로 머리를 매만졌다. "어젯밤에 우리에게 아이가 있는 꿈을 꿨어."

페퍼는 그를 당혹스러운 눈초리로 쳐다보았다. "그러니까 당신이 깨어나서 생각했는데 우리한테…."

"아이가 생긴 거지."

"그래…." 페퍼는 토니가 진심인지 아니면 단지 꿈에 대해 얘기

just **relating** a dream. The look in his eye made her realize he was actually questioning the **possibility**.

"Yes?" Tony asked, heart starting to race.

Pepper shook her head **emphatically**. "No!"

Tony tried to cover his **disappointment**. "I had a dream about it. It was so real."

Pepper turned her **attention** to the glowing triangle on Tony's chest, an ARC reactor firmly planted there and on display through the **cutout** in his black **skintight** shirt. "If you wanted to have a kid, you wouldn't have done that," she said, tapping the ARC reactor.

Tony looked down then flashed a **sheepish** grin, trying to **placate** the **situation**. "I'm glad you brought this up, cause it's nothing. It's just a housing unit for **nanoparticles**," he said, **dismissively** waving his hand.

❶ "You don't need that." Pepper tried to keep the **admonishing** tone from her voice. She knew that even after Tony had the **surgery** to **remove** the **shrapnel** that **endangered** his heart the man couldn't help himself.

하는 건지 확신하지 못했다. 그녀는 그의 눈빛을 보고 그가 임신 가능성에 대해서 묻고 있다는 것을 깨달았다.

"맞아?" 질문한 토니의 심장이 터질 듯이 뛰었다.

그녀는 고개를 단호히 저었다. "아니!"

토니는 실망감을 감추려 애썼다. "꿈을 꿨다고. 너무 생생했어."

페퍼는 토니의 가슴 위에 있는 빛나는 삼각형으로 관심을 돌렸다. 그의 가슴에는 아크 원자로가 단단히 심어져 있었고 몸에 꽉 달라붙는 검은색 셔츠의 잘린 부분에 드러나 있었다. "당신이 아이를 가지길 원했다면 이걸 하지 않았겠지." 그녀가 아크 원자로를 두드리며 말했다.

토니는 아래를 내려다보곤 멋쩍은 듯 씩 웃으며 상황을 누그러뜨리려 애썼다. "당신이 이 이야기를 꺼내서 기뻐. 왜냐면 이건 아무것도 아니거든. 이건 그저 나노 입자를 위한 저장소야." 그가 무시하듯 손을 저으며 말했다.

"당신은 그게 필요 없잖아." 페퍼는 책망하는 듯한 어조를 유지하려 했다. 토니가 심장을 위태롭게 하는 파편을 제거하기 위해 수술을 받은 이후에도 스스로를 어찌할 수 없다는 것을 그녀는 알고 있었다.

Tony was **futurist** and always thinking of the next big idea, often the next big *twenty* ideas.

Tony nodded that she was right, **technically**. "I'm just trying to **protect** us ... and future us-es. Just in case there's a monster in the **closet**."

Pepper smiled. Tony would always be looking for monsters. "You should have shirts in your closet."

"We're going to have a nice dinner tonight," Tony said, holding Pepper's left hand high, a large diamond **engagement ring** gracing her **ring finger** shone in the sun. "**Show off** this Harry Winston. *And* we should have no more **surprises**. Ever."

He was about to kiss Pepper when a voice came from behind.

"Tony Stark."

With a **whirl**, Tony turned to see a surprise. A big surprise. Standing before them was a **swirling** portal, **floating** in mid-air. Inside the portal was the man who spoke, a man who Tony had never met before.

토니는 미래학자였고 항상 그다음 큰 계획들을 생각했으며 그것들은 대체로 20개 정도의 큰 계획이었다.

토니는 엄밀히 따지면 그녀의 말이 맞다며 고개를 끄덕였다. "나는 그저 우리와 미래의 우리들을 보호하려는 거야…. 혹시나 옷장 속에 괴물이 있을지도 모르니까."

페퍼가 미소를 지었다. 토니는 항상 괴물들을 찾을 것이다. "옷장엔 셔츠가 있어야지."

"우린 오늘 밤 근사한 저녁을 먹을 거야." 토니가 페퍼의 왼손을 높이 들어 올리며 말했다. 큰 다이아몬드 약혼 반지가 그녀의 약지를 장식하며 햇빛에 반짝였다. "이 해리 윈스턴*을 자랑하자고. 그리고 더이상 놀랄 일은 없을 거야. 전혀."

뒤에서 어떤 목소리가 들려왔을 때, 그는 페퍼에게 키스하려던 참이었다.

"토니 스타크."

몸을 돌리는 순간, 토니는 놀라운 것을 보게 됐다. 깜짝 놀랐다. 그들 앞에 공중에서 소용돌이치고 있는 포털이 있었다. 포털 안에는 토니를 부른 남자가 있었는데 토니가 한 번도 만난 적이 없는 남자였다.

★ **해리 윈스턴** : 다이아몬드의 왕으로 불리는 주얼리 브랜드

The man in the portal spoke. "I'm Doctor Stephen Strange. I need you to come with me."

Tony shot him a questioning look as Doctor Strange continued. ❷"We need your help. It's not **overselling** it to say that the **fate** of the universe is **at stake**."

Tony remained **unconvinced**. "And who is 'we'?"

Appearing next to Doctor Strange was a man Tony knew *very* well. A man he sent away to **avoid** more destruction. A man he'd lost track of. A friend he had missed and mourned: Bruce Banner.

"Hey, Tony." If Tony needed **convincing**, the look on Bruce's face was enough to get him to follow.

Inside the Sanctum Sanctorum, Tony looked on in **boredom** as he received a history **lesson** from Wong.

"At the dawn of the universe there was nothing. Then..." Wong wove his hands as green mystical discs formed around them. **Completing** the **incantation**, he **thrust** his hands **forward** and an image of five stones formed

포털 안에 있는 남자가 말했다. "난 닥터 스테판 스트레인지라고 하네. 당신이 나와 함께 가줬으면 해."

닥터 스트레인지가 말을 이어가는 동안 토니는 의문스러운 표정으로 그를 쳐다보았다. "우리는 자네의 도움이 필요해. 우주의 운명이 위태롭다고 해도 과언이 아니야."

토니는 여전히 납득하지 못했다. "'우리'가 누군데?"

닥터 스트레인지 옆에 나타난 사람은 토니가 매우 잘 아는 사람이었다. 더 많은 파괴를 피하고자 그가 떠나보낸 남자. 스타크가 한동안 소식을 듣지 못했던 남자. 그가 그리워하고 애도한 친구, 바로 브루스 배너였다.

"안녕, 토니." 만약 토니를 설득할 것이 필요했다면, 브루스의 얼굴을 보는 것만으로도 그를 따라가게 만들기 충분했다.

생텀 생토럼 안에서 토니는 웡에게 역사 수업을 받으며 지루하다는 듯 그를 쳐다보았다.

"태초의 우주에는 아무것도 존재하지 않았다. 그리고…." 웡이 손을 흔들자 손 주변에 녹색의 신비한 원반들이 형성됐다. 주문을 마치며 그가 두 손을 앞으로 내밀자 갑자기 허공에 다섯 개의 스톤 이미지가 나타났다.

out of thin air, floating in space. "...the Big Bang sent six **elemental crystals hurtling** across the virgin universe." The Stones **spread out**. "These Infinity Stones each control an **essential aspect** of **existence**."

Doctor Strange moved forward and pointed to each stone individually, naming the aspects. "Space. Reality. Power. Soul. Mind." He **pointed** to his chest where the Eye of Agamotto hung around his neck, glowing green. "And Time."

Tony felt something **gnawing** at the edge of his mind, something that had been there for six years. "Tell me his name again."

Bruce stepped forward, the horrors he had **witnessed** aboard the *Statesman* in his eyes. "Thanos. He's a **plague**, Tony. He **invades** planets, he takes what he wants. He **wipes out** half the **population**." Bruce's next words **confirmed** to Tony his darkest **suspicions**: "He sent Loki. The **attack** on New York, that's him."

"우주 대폭발로 여섯 개의 원소 결정체들이 갓 만들어진 우주 전체로 흩어졌다." 스톤들이 넓게 퍼졌다. "이 인피니티 스톤들은 각각 존재의 본질적 양상을 관장하지."

닥터 스트레인지가 앞으로 나아가 각각의 스톤을 가리키며 그 양상의 이름을 말했다. "공간, 현실, 힘, 영혼, 정신." 그가 자신의 가슴을 가리켰고, 거기엔 초록색으로 빛나는 아가모토의 눈*이 그의 목에 걸려있었다. "그리고 시간."

토니는 마음 한 켠에서 자신을 괴롭히는 무언가를, 그곳에 6년 동안 있었던 무언가를 느꼈다. "그놈 이름을 다시 말해줘."

브루스가 앞으로 나섰고, 스테이츠맨에서 목격했던 그 참상이 그의 눈에 드러났다. "타노스. 그놈은 골칫거리야, 토니. 행성들을 침공해서 원하는 것을 다 빼앗아. 인구의 절반을 없애 버려." 브루스의 이어진 말은 토니가 가진 가장 어두운 의심을 확실하게 했다. "그가 로키를 보냈어. 뉴욕을 습격한 것도 그자야."

---

* **아가모토의 눈** : 타임 스톤을 봉인하고 조작하는 눈 모양의 목걸이

Instantly, ghosts that had **chased** Tony Stark since he flew a **nuclear** bomb into space to end the Chitauri **invasion** of New York six years ago, when he witnessed something he shouldn't have in **shadow**, all became clear. Finally.

"This is it," he whispered. A plan began to form in Tony's mind. "What's our timeline?"

A shrug was all Bruce could offer. "He has the Power and Space Stones. That already makes him the strongest creature in the whole universe." Bruces voice softened, as if he couldn't fathom the future. "If he gets his hands on all six Stones, Tony ..."

Doctor Strange stepped in as Tony began to pace, finally **resting** his arm on a large **coffer** by the destroyed **staircase**. "He could destroy life on a **scale hitherto undreamt** of."

Tony gave Strange an **incredulous** look. ❸ "Did you seriously just say 'hitherto undreamt of'?"

Pointing to the large pot Tony was resting on Doctor

6년 전 뉴욕에서 치타우리족의 침공을 끝내기 위해 토니 스타크가 핵폭탄을 우주로 날려 보낸 이후, 그가 어둠 속에서 봐서는 안 될 것들을 목격했을 때부터 그를 쫓아다닌 환영들이 그 즉시 모두 분명해졌다. 마침내.

"그랬군." 그가 조용히 말했다. 토니의 머릿속에서 계획이 세워지기 시작했다. "시간 상황은?"

어깨를 으쓱하는 것이 브루스가 할 수 있는 전부였다. "그자가 파워 스톤과 스페이스 스톤을 가지고 있어. 그것만으로도 이미 우주 최강의 존재가 되었지." 흡사 미래를 가늠할 수 없는 것처럼 브루스의 목소리가 약해졌다. "그가 여섯 개의 스톤을 모두 손에 넣게 된다면, 토니…."

토니가 서성거리다 마침내 부서진 계단 옆 큰 금고 위에 팔을 기댔을 때 닥터 스트레인지가 끼어들었다. "타노스는 지금까지 상상도 할 수 없었던 규모의 학살을 저지를 거야."

토니는 스트레인지에게 못 믿겠다는 듯한 표정을 지었다. "방금 진심으로 '지금까지 상상할 수 없었던 규모의 학살'이라고 했어?"

토니가 기대고 있는 큰 냄비를 가리키며 닥터 스트레인지가 받

Strange **countered**, "Are you seriously **leaning on** the **Cauldron** of the **Cosmos**?" Tony gave the Cauldron the once over. Being a man of science, Tony was not used to **mystical relics**, despite his massive **intellect**.

"Is that what it is?" He asked, **unimpressed**. Suddenly, the **hem** of Doctor Strange's Cloak of Levitation rose up and **smacked** Tony's arm off the Cauldron as though it possessed a mind of its own. Which, **apparently**, it did.

Tony **jolted** back, surprise crossing his face. He **quickly** covered. "I'm … going to allow that," he said, pointing to the Cloak. He walked away, mind racing when a simple **solution** popped into his mind. He turned back to Strange, pointing at the **necklace** around the **mystic's** neck.

"If Thanos needs all six, why don't we just **stick** this one down a **garbage disposal**?"

"No can do," Strange admonished.

Wong offered an **explanation**. "We swore an **oath** to protect the Time Stone with our lives."

아쳤다. "지금 진심으로 우주의 솥*에 기댄 건가?" 토니가 솥을 대강 훑어봤다. 엄청난 지적능력에도 불구하고 과학자인 토니는 신비한 유물에 익숙하지 않았다.

"이게 그거야?" 그가 인상 깊지 않다는 투로 물었다. 갑자기 닥터 스트레인지의 레비테이션 망토의 끝이 올라가더니 마치 망토가 생각을 가진 것처럼 토니의 팔을 솥에서 떨쳐내려 탁 소리가 나게 때렸다. 생각을 하는 것이 분명했다.

뒤로 물러서는 토니의 얼굴에 놀라움이 스쳐 지나갔다. 그가 재빨리 놀란 기색을 감췄다. "이번만… 봐주지." 그가 망토를 가리키며 말했다. 그가 머리를 굴리며 걸음을 옮겼고, 간단한 해결책이 머릿속에 떠올랐다. 토니가 스트레인지를 돌아보며 그 마법사의 목에 있는 목걸이를 가리켰다.

"타노스에게 여섯 개의 스톤이 모두 필요하다면 이걸 그냥 쓰레기 처리장에 집어넣어 버리는 건 어때?"

"아니, 그렇게 할 수 없어." 스트레인지가 경고했다.

웡이 설명을 했다. "우린 목숨을 걸고 타임 스톤을 지키기로 맹세했다."

★ **우주의 솥** : 고대 신비로운 유물로 생텀에 보관되어 있다.

Tony let that **soak** in for a moment … then **dismissed** it. "And I **swore off dairy** … Point is, things change."

Doctor Strange was **adamant** in his **resolve**. Shaking his head, he **informed** Tony of his **limits**. "Our oath to protect the Time Stone cannot change." He turned his focus to the **emerald** glowing Eye of Agamotto hanging around his neck. "And this Stone may be the best chance we have against Thanos."

"Yeah, so **conversely**, it may also be his best chance against us." ❹Tony dug in his heels.

"Well, if we don't do our *jobs*," Strange's voiced raised.

Bruce stepped in between the two **arguing** men. Having witnessed Thanos **firsthand**, he paled at the thought of the Titan getting his hands on any more Stones. He had to convince them of a better **plan**.

"Okay guys," he said, **addressing** them both. "Could we table this discussion right now?"

He pointed to the Time Stone. "The fact is, we have *this* Stone. We know where it is. Vision is out there

토니는 잠시 그 말을 이해하려 했지만… 이내 묵살했다. “난 유제품을 끊겠다고 맹세했었어…. 요점은, 상황은 바뀐다는 거야.”

닥터 스트레인지는 자신의 결심에 있어 단호했다. 그가 고개를 저으며 토니에게 한계를 알렸다. “타임 스톤을 보호하겠다는 우리의 맹세는 변하지 않아.” 그가 자신의 목에 걸려있는 에매랄드 색으로 빛나는 아가모토의 눈에 초점을 맞췄다. “이 스톤이 타노스에 맞설 수 있는 최고의 기회가 될지도 모르지.”

“그래, 반대로 그가 우리에게 맞설 수 있는 최고의 기회가 될지도 몰라.” 토니는 완강했다.

“글쎄, 우리가 일을 하지 않는다면 그렇겠지.” 스트레인지의 목소리가 높아졌다. 다투는 두 사람 사이에 브루스가 끼어들었다. 타노스를 직접 목격한 그는 그 타이탄이 더 많은 스톤을 손에 넣는다는 생각에 얼굴이 창백해졌다. 그는 더 나은 계획으로 그들을 설득해야만 했다.

“자, 여러분.” 그가 두 사람에게 말을 걸며 말했다. “우리 이 토론은 좀 미룰 수 있을까?”

그가 타임 스톤을 가리켰다. “이 스톤은 우리가 가지고 있어. 우린 이게 어디에 있는지 알고 있지. 비전은 마인드 스톤을 갖고 어딘

somewhere with the Mind Stone and we have to find him now."

Tony **scratched** his head, a nervous habit and a **cue** to Bruce that there was something **weighing on** his mind. Tony tried to **break the news** as **gently** as possible. "Two weeks ago Vision turned off his **transponder**. He's offline."

Bruce was shocked to his **core**. "Tony, you lost another super-bot?" He feared the worst, since the last time that happened Ultron was born. And Bruce was **partially** responsible for that, a mistake he dreaded happening again. Tony quickly sought to **soothe** his fears.

"I didn't lose him. He's more than that, he's ***evolving***."

"Who could find him then?" Doctor Strange's voice was all business as he tried to **maintain** focus on the **matter at hand**.

Tony thought **for a moment** ... and sighed **heavily**. The last person on Earth he wanted to face was the only option he could think of. "**Probably** Steve Rogers," he demurred.

가에 있으니, 우린 지금 당장 그를 찾아야 해."

토니가 머리를 긁적였고, 그것은 긴장할 때 나오는 버릇이자 브루스에게는 토니의 마음을 무언가가 짓누르고 있다는 신호였다. 토니가 가능한 한 조심스럽게 소식을 전하려고 했다. "2주 전에 비전이 무선 응답기를 껐어. 그는 오프라인 상태야."

브루스는 뼛속까지 충격을 받았다. "토니, 또 다른 슈퍼 로봇을 잃어버린 거야?" 지난번에 그런 일이 발생했을 때 울트론이 탄생했기에 그는 최악의 경우가 두려웠다. 그리고 브루스는 다시 일어날까 두려워하는 그 실수에 부분적인 책임이 있었다. 토니는 얼른 브루스의 두려움을 달래려 했다.

"그를 잃어버린 게 아니야. 그는 그 이상이야. 진화하고 있어."

"그렇다면 누가 그를 찾을 수 있지?" 닥터 스트레인지는 당면한 문제에 집중하려 애썼기에 그의 목소리는 매우 사무적이었다.

토니는 잠시 생각을 하더니… 무거운 한숨을 쉬었다. 그가 생각할 수 있는 유일한 선택지는 그가 지구상에서 가장 마주하고 싶지 않은 사람이었다. "아마도 스티브 로저스." 그가 망설였다.

Bruce was **energized** by the **mention** of Captain America's name. "Call him," he **urged**. But Tony's **reluctant** gaze instantly **deflated** his **enthusiasm**.

"It's not that easy," Tony **sheepishly** admitted. Realizing, he looked at Bruce again, a touch of shame entering his usually cocky **attitude**. "God, we haven't caught up in a spell, have we?"

"No." Bruce tried to hide the feeling of **betrayal** from his voice.

Tony shook his head, as though he couldn't wrap his mind around events he was there for, and partially responsible as well.

"The Avengers **broke up**. Cap and I **fell out** hard. We're not on speaking **terms**."

"Tony, listen to me." Bruce felt like he was now **dealing with** two kids who had a **schoolyard** fight. The **magnitude** of what they faced was **beyond** a falling out between **teammates**. "Thor's gone," he stressed. "Thanos is *coming*. It doesn't matter who you're talking to or not."

브루스는 캡틴 아메리카의 이름이 언급되자 활기를 띠었다. "전화해봐." 그가 재촉했다. 그러나 토니의 주저하는 듯한 눈빛이 즉시 그의 열정을 꺾었다.

"이건 그리 쉬운 게 아니야." 토니가 무안해하며 말했다. 그는 평상시 자만에 찬 태도에 약간의 창피함이 깃들고 있다는 것을 깨달으며 브루스를 다시 보았다. "참, 우리 한동안 연락하지 않았지?"

"그래." 브루스는 자신의 목소리에서 배신감을 숨기려고 노력했다.

토니는 그가 연루되었던 그리고 부분적으로 책임이 있었던 사건들을 받아들이기 힘들다는 듯 고개를 저었다

"어벤져스는 해체됐어. 캡과 난 사이가 심하게 틀어졌어. 우리는 서로 말도 안 하는 사이야."

"토니, 내 말 들어봐." 브루스는 운동장에서 싸운 두 아이를 대하는 것처럼 느껴졌다. 그들이 마주한 사건의 규모는 팀원들 간의 사이가 틀어진 것을 넘어선 것이었다. "토르가 죽었어." 그가 강조했다. "타노스가 오는 중이야. 네가 누구랑 말을 하는지 아닌지의 문제가 아니야."

Knowing Bruce was right, Tony **reluctantly** took out a flip phone and opened it. A single **contact** was listed: Steve Rogers. Tony had yet to use it, but never could he have **imagined** a day like this would come. He looked to Doctor Strange, about to ask if he could **mystically** contact him, but something else caught his attention. The man's **bangs** were blowing ever so gently, back and forth.

"Say, Doc, you wouldn't happen to be moving your hair, would ya?"

Puzzled by the **odd** question, Strange looked at the man. "Not at the moment, no."

As a unit, Wong, Doctor Strange, Tony, and Bruce all **gazed** up to the source of the **breeze**: the broken window high above the **foyer**. The *wind* began to **speed up** slightly. As they noticed this, their senses turned to the sounds of people **yelling** in the streets, car alarms starting to **blare**. Tony gently opened the door, but it blew wide, **crashing** past him with a blast of wind and debris.

Outside, the heroes found **dozens of** people fleeing

브루스가 옳다는 것을 깨달은 토니는 마지못해 플립 폰을 꺼내 열었다. 단 하나의 연락처가 목록에 있었다. 스티브 로저스. 토니는 그 연락처를 아직 사용해보지 않았지만, 이런 날이 올 거라고는 상상도 하지 못했다. 그가 닥터 스트레인지를 쳐다보았고, 그에게 마법으로 캡틴에게 연락할 수 있는지 물어보려다가 다른 무언가에 시선이 꽂혔다. 그의 앞머리가 매우 부드럽게 앞뒤로 흔들리고 있었다.

"이봐, 닥터. 혹시 머리카락을 움직이고 있는 건 아니지?

이상한 질문에 어리둥절해하며 스트레인지가 그를 보았다. "지금은 아닌데."

웡, 닥터 스트레인지, 토니 그리고 브루스는 단체로 산들바람이 불어오는 근원지를 올려다보았다. 로비 위, 높은 곳의 부서진 창문. 바람이 조금씩 빨라졌다. 그들이 그것을 알아차리는 순간, 그들의 감각은 거리에서 비명을 지르는 사람들의 소리, 요란하게 울리기 시작하는 자동차 경보기 소리로 돌아섰다. 토니가 조심스럽게 문을 열었지만 바람이 크게 불었고, 강한 바람과 잔해가 그를 지나며 부딪혔다.

바깥에서 영웅들은 웨스트 빌리지의 한복판에 토네이도로 보이

what seemed to be a **tornado** in the middle of the West Village. Dust, papers, and even cars were lifted and flew through the air, **obstructing** views and adding to the chaos.

As the **quartet** moved to help as many fleeing **citizens** as possible, something **in the distance** caught Tony's eye. **Putting on** his sunglasses, the display inside **lit up**. He **gulped** at what he saw.

"Hey! You might want to put that Time Stone in your back **pocket**, Doc!"

Strange **followed** Tony's gaze. His face grew **grim**. He **snapped** his arms and green discs formed around his wrists.

"Might wanna use it." His voice was dark.

All four men stopped in their tracks as the **source** of the panic and destruction was revealed. Hovering high above the buildings was a ring-like ship **spinning vertically**. It was not like anything on Earth, which could only mean one thing.

Time had **run out**.

는 것으로부터 도망치는 수십 명의 사람들을 발견했다. 먼지와 종이, 심지어 자동차까지 들어 올려져 공중으로 날아다녔고, 시야를 막으며 혼돈을 가중시켰다.

4인조가 피신하는 시민들을 최대한 도와주기 위해 이동할 때 저 멀리 무언가가 토니의 눈길을 사로잡았다. 토니가 선글라스를 쓰자 안쪽의 디스플레이가 환해졌다. 그는 자신이 본 것에 놀라 침을 꿀꺽 삼켰다.

"이봐! 타임 스톤을 뒷주머니에 넣는 게 좋을 거야, 닥터!"

스트레인지가 토니의 시선을 따라갔다. 그의 얼굴이 점점 굳었다. 그가 팔을 탁 하고 움직이자 초록색 원반이 손목 주변에 만들어졌다.

"이걸 사용하게 될지도 몰라." 그의 목소리는 낮았다.

그 혼돈과 파괴의 근원이 드러나자 네 사람 모두 발길을 멈췄다. 건물 위에 높이 떠 있는 것은 수직으로 회전하는 고리 모양의 우주선이었다. 지구에 있는 어떤 것과도 비슷하지 않았고, 그것은 딱 하나를 의미했다.

더 이상 시간이 없었다.

CHAPTER 3

워크북 p24

THE QUEENS COUNTY SCHOOLS yellow bus was filled with loud teens as it **crossed** the Queensboro Bridge into Manhattan. The students of Midtown School of Science and Technology were buzzing with **excitement** as they began their field trip. For Peter Parker, however, something else **buzzed** in him as he noticed the hairs on

닥터 스트레인지와 아이언맨 그리고 스파이더맨까지 가세하여 타노스의 자식들에게 대적하지만, 그들을 무찌르기는 쉽지가 않습니다. 결국 에보니 모가 닥터 스트레인지를 우주선으로 납치해가고, 그를 구하기 위해 토니와 스파이더맨이 우주선으로 향합니다.

퀸즈버러 교를 건너 맨해튼으로 가는 퀸스 카운티 노란색 학교 버스는 시끄러운 10대들로 가득 차 있었다. 미드타운 과학 기술 학교 학생들은 현장학습이 시작되자 신나서 활기가 넘쳤다. 하지만 피터 파커가 팔에 난 털들이 서는 것을 알아챘을 때, 무언가가 그의 안에서 경고를 보냈다.

his arm begin to rise. That always meant **danger**!

Looking out of the bus window to Midtown Manhattan, Peter saw the ring-like ship spinning faster and faster. His head was ringing out warnings at the **sight**. **Definitely** the source, Peter thought. He had to act fast.

Ned was **blissfully** listening to music with headphones on, so Peter had to **tap** his arm **rapidly** to get his best friend's attention. Ned removed the headphones and turned in time to see Peter's **panicked** face.

"Ned, hey. I need you to cause a **distraction**."

Looking over Peter's shoulder, Ned suddenly understood why. His eyes grew to the size of **quarters** and he got up to race toward the back, part to get a better look and part to give Peter the time he needed.

"We're all gonna die!" Ned **exclaimed**. The other students quickly gathered around and peered out the side of the bus where Ned was pointing. They all saw the ship and began to shout as well.

It was safe to assume there were no eyes on Peter now,

그것은 항상 위험을 의미했다!

버스 창문 밖으로 미드타운 맨해튼 쪽을 바라보던 피터는 고리 모양의 우주선이 점점 빠르게 회전하는 것을 보았다. 그 광경을 보고 그의 머릿속에서 경보가 크게 울렸다. 문제의 근원지가 분명하다고 피터는 생각했다. 그는 빠르게 행동해야 했다.

네드는 헤드폰을 낀 채 더없이 행복하게 음악을 듣고 있었고, 피터는 단짝 친구의 주의를 끌기 위해 그의 팔을 급히 두드렸다. 네드가 헤드폰을 벗은 뒤 이윽고 몸을 돌리자 피터의 당황한 얼굴이 보였다.

"저기, 네드. 주의를 딴 데로 좀 돌려줘."

피터의 어깨 너머를 바라본 네드는 그 이유를 바로 이해했다. 그의 눈이 동전 크기만큼 커졌고 곧 일어나 뒤쪽을 향해 쏜살같이 달려갔는데 한편으론 더 자세히 보기 위해, 다른 한편으론 피터에게 필요한 시간을 벌어주기 위해서였다.

"우린 모두 죽을 거야!" 네드가 소리쳤다. 다른 학생들이 재빠르게 그 주변으로 모여들었고 네드가 가리키고 있는 버스 쪽을 쳐다보았다. 모두 우주선을 보았고 그들 역시 소리를 지르기 시작했다.

피터가 거미줄 무늬가 있는 빨간색 마스크를 꺼냈을 때 그는 이

as he pulled out a red mask with a **webbed** pattern on it. Whatever was happening, Peter knew one thing was **certain**: Spider-Man was needed!

Spotting an **emergency exit** window across the way, Peter pushed up his **sleeve** and used his web-shooter to **snag** the handle. With a quick **tug**, the **latch** gave and the window opened. Putting the mask on, Peter was across and out of the bus **in a flash**, **clinging** to the side.

As his **fellow** classmates continued to **freak out** at the sight of the **otherworldly** vessel, Peter heard the bus driver **call for** order, adding an **exasperated**, "What's the matter with you kids? You've never seen a **spaceship** before?"

Peter **stripped off** the rest of his clothes and put them in his backpack, revealing his Spider-Man suit **underneath**. Peter had never been inside a spaceship, but Spider-Man was about to be.

Outside the Sanctum Sanctorum the streets were getting more **chaotic** by the second. A taxi flew past Tony Stark's

제 자신을 보는 눈이 없다고 생각해도 무방했다. 어떤 일이 일어났든 간에 피터는 한 가지 확실한 사실을 알고 있었다. 스파이더맨이 필요하다는 것이었다.

건너편 비상 창문을 발견한 피터는 소매를 걷어 올린 뒤 손잡이를 잡아채기 위해 그의 웹슈터*를 사용했다. 재빠르게 잡아당기자 걸쇠가 휘면서 창문이 열렸다. 피터는 마스크를 쓰고, 버스 안을 가로질러 순식간에 버스 밖으로 나가 옆에 매달렸다.

그의 반 친구들이 외계 우주선을 보고 계속해서 기겁하자, 버스 운전기사가 몹시 화를 내며 질서를 지키라고 하는 것을 피터는 들었다. "얘들아, 뭐가 문제야? 너희들 우주선 한 번도 본 적 없니?"

피터는 나머지 옷을 벗어 가방에 넣었고, 그 아래에 스파이더맨 슈트가 드러났다. 피터는 한 번도 우주선 안에 들어가 본 적이 없지만, 스파이더맨은 곧 그럴 것이다.

생텀 생토럼 밖의 거리는 순식간에 더 혼란스러워졌다. 네 명의 영웅들이 공기를 가득 메운 파편으로부터 눈을 보호해야 했을 때

* **웹슈터** : 거미줄을 쏘는 기계

head as the four heroes were forced to shield their eyes from the debris that filled the air.

Tony touched the **communicator** in his ear and called out to his **Artificial Intelligence** system. "FRIDAY, **evac** anyone south of 43rd Street. Notify **first responders**."

"Will do," came the **computerized** female voice. Across New York City, FRIDAY changed **traffic lights** to red; sent **emergency notifications** to all police, fire, and ambulance **departments** to **assist** with the wounded; and closed off all **entrances** to Southern Manhattan **via bridges** and tunnels.

Turning his attention back to the **catastrophe** surrounding him, Tony's eye caught something that made him **freeze** in place. Doctor Strange saw it as well and **conjured** mystic bands around his wrists, preparing for what could come next.

What that was, they never would have **guessed**.

A beam of energy **emanated** from the hovering ship, meeting the ground ten yards in front of the heroes. As it **faded**, two figures were revealed, one **slender**, one

택시 한 대가 토니 스타크의 머리를 지나 날아갔다.

토니가 귀에 있는 통신기를 만져 그의 인공지능 시스템을 불렀다. "프라이데이, 43번가 남쪽에 있는 사람들을 대피시켜. 응급 구조대에 알리고."

"알겠습니다." 컴퓨터화된 여성의 목소리가 나왔다. 프라이데이는 뉴욕 도시 전체에 걸쳐 신호등을 빨간색으로 바꾸었다. 부상자들을 돕도록 비상 알림을 모든 경찰서와 소방서 그리고 구급차 관리 부서에 보냈다. 또한 다리와 터널을 통해 맨해튼 남쪽으로 향하는 모든 입구를 폐쇄했다.

그가 자신을 둘러싼 참사로 다시 주의를 돌리자, 토니의 눈에 그를 자리에 얼어붙게 만드는 무언가가 들어왔다. 닥터 스트레인지도 그것을 보았고 그 후에 올지도 모르는 무언가를 대비하며 마법으로 신비로운 띠를 손목에 둘렀다.

그게 무엇인지 그들은 짐작조차 하지 못했다.

공중에 떠 있는 우주선에서 에너지 광선이 뿜어나왔고, 영웅들의 10야드(9.1m) 앞에 떨어졌다. 광선이 서서히 사라지자 두 형체가 드러났는데 하나는 호리호리했고, 하나는 거대했다.

enormous.

"Hear me and **rejoice**." Ebony Maw's voice cut through the **dust** as he and Cull Obsidian **emerged**. "You are about to die at the hands of the Children of Thanos." Cull Obsidian added something **vicious** sounding in his **native tongue**, which sounded more like a series of grunts and **growls**. Maw continued. "Be **thankful** that your **meaningless** lives are now con—"

"I'm sorry, Earth is closed today," Tony interjected, unimpressed. "You better pack it up and get outta here."

Ebony Maw arched an **eyebrow** and turned to Doctor Strange. The Time Stone was **practically** humming with energy around the Master of the Mystic Arts' neck.

"Stonekeeper. Does this **chattering** animal speak for you?"

"Certainly not," Strange **snorted**. "I speak for myself. You're **trespassing** in this city and on this planet."

Maw and Cull Obsidian thought **otherwise**.

❶"He means get lost, Squidward." Tony's voice raised

"내 말을 듣고 기뻐하여라." 에보니 모의 목소리가 먼지 사이를 가르며 모와 컬 옵시디언이 나타났다. "너희들은 타노스 님의 자식들의 손에 곧 죽게 되었으니." 컬 옵시디언이 그가 쓰는 언어로 포악하게 들리는 어떤 말을 덧붙였는데, 꿀꿀거리고 으르렁거리는 소리의 연속처럼 들렸다. 모가 계속 말했다. "감사히 여겨라. 너희의 무의미한 존재가 지금…."

"미안한데, 지구는 오늘 문 닫았어." 토니가 대수롭지 않다는 듯 끼어들었다. "짐을 챙겨서 지구에서 떠나는 게 좋을 거야."

에보니 모가 눈썹을 둥글게 구부리며 닥터 스트레인지에게 고개를 돌렸다. 타임 스톤은 마법 주술의 대가의 목에서 실제로 에너지와 함께 윙윙거리고 있었다.

"스톤키퍼. 이 재잘거리는 짐승이 너를 대변해 주는 건가?"

"물론 아니야." 스트레인지가 코웃음을 쳤다. "직접 말해주지. 넌 이 도시와 행성을 무단침입했다."

모와 컬 옵시디언은 그 반대로 생각했다.

"꺼지라는 말이야, 징징아." 모욕감에 토니의 목소리가 커졌다.

at the **insult**.

Ebony Maw sighed in **exasperation**. Sensing Cull's **desire** for a fight, he waved his thin hand toward the quartet facing them.

"He **exhausts** me. Bring me the Stone." At Ebony Maw's words, Cull Obsidian grunted in **agreement**, hoisted his massive hammer over one shoulder, and began to **stomp** forward, leaving giant cracks in the street with each step.

At the sight of the alien's approach, Tony turned to Bruce, a **wry** smile on his face. ❷ "Banner, you want a piece?"

Bruce **winced**. "N-n-no, not really," he said sheepishly. "But when do I ever get what I want?"

"That's right," Tony **encouraged**, patting his friend on the back. Banner shook it off and squeezed his eyes in **concentration**.

"Okay. Push!" he grunted.

"It's been a while. It's good to have you back."

"Let me just ... I need to **concentrate** here for a

에보니 모는 몹시 짜증이 나서 한숨을 쉬었다. 컬이 싸우길 원한다는 것을 느낀 모는 가느다란 손을 그들이 마주보고 있는 4인조 쪽으로 흔들었다.

"피곤하게 하는군. 스톤을 가져와." 에보니 모의 말에 컬 옵시디언은 동의의 표시로 으르렁거리며 거대한 망치를 한쪽 어깨 위로 들어 올렸다. 그리고 쿵쿵거리며 앞으로 나아가기 시작하더니 걸음마다 거리에 거대한 균열을 남겼다.

외계인이 다가오는 것을 본 토니가 브루스를 향해 얼굴에 쓴웃음을 지었다. "배너, 한번 붙어 볼래?"

브루스는 움찔했다. "아, 아니, 난 별로." 그가 당황하며 말했다. "하지만 내가 언제 원하는 걸 한 적이 있었나?"

"맞아." 토니가 친구의 등을 토닥이며 격려했다. 배너는 두려움을 뿌리치고 집중하며 두 눈을 질끈 감았다.

"좋아. 밀고 나와!" 그가 으르렁거리며 말했다.

"오랜만이네. 자네가 돌아와서 기뻐."

"나 좀… 나 잠시만 집중 좀 할게." 배너의 얼굴이 일그러졌고 그

second." Banner's face **contorted** and his chest started to **swell**, **taking on** a **greenish** hue. But then the moment passed. "Come on, man!" Bruce grunted and the **transformation** again started … then quickly **reversed**.

Cull Obsidian's march was bringing him closer. Tony began to **sweat** a little. "Where's your guy?"

Bruce looked **embarrassed.** ❸ "I don't know. We've sorta been having a thing."

Doctor Strange and Wong readied themselves for **battle** as Tony tried to **boost** Banner's **confidence**. "There's no time for a thing. *That's* the thing right there," he said, pointing at the **oncoming** Cull. "Let's go."

Banner **strained** again, but nothing happened. Tony leaned in and **muttered**, "Dude, you're embarrassing me in front of the **wizards**."

Blushing, Bruce **implored**, "Tony, I'm sorry. Either I can't or he won't."

Exhaling—and noting the speed at which Cull Obsidian was approaching now—Tony **patted** Bruce on

의 가슴이 부풀어 오르기 시작하더니 녹색 빛깔을 띠었다. 하지만 그 순간은 지나갔다. "어서!" 브루스가 으르렁거렸고 다시 변신이 시작되다가… 빠르게 되돌아왔다.

컬 옵시디언은 전진하며 더 가까이 다가왔다. 토니는 조금씩 식은땀이 나기 시작했다. "네 친구 어딨어?"

브루스는 당황한 듯했다. "나도 몰라. 우리는 요즘 뭐랄까, 문제가 있어."

토니가 배너의 자신감을 북돋우려 애쓰는 동안, 닥터 스트레인지와 웡은 싸울 채비를 했다. "그 문제를 위한 시간은 없어. 문제는 바로 저기 앞에 있잖아." 그가 다가오는 컬을 가리키며 말했다. "어서."

배너가 다시 안간힘을 썼지만, 아무 일도 일어나지 않았다. 토니는 몸을 기울여 작은 소리로 불평했다. "친구, 마법사 앞에서 나를 창피하게 하네."

얼굴을 붉히며 브루스가 사정하듯 말했다. "토니, 미안해. 내가 할 수 없거나 그가 원하지 않거나 둘 중 하나야."

컬 옵시디언이 다가오는 속도라면 지금 다른 방법이 없었다. 토니는 숨을 내쉬고 브루스의 등을 토닥인 뒤 앞으로 나섰다. 그가 마

the back then stepped forward. He turned to Strange and Wong, who were beginning to **cast spells**.

"Hey, stand down." He **motioned** to Bruce. "Keep an eye on him. Thank you."

Strange and Wong exchanged glances. They were keepers of the Time Stone, not babysitters! Before they or Bruce could object, however, Tony pulled at two **cords**, one on either side of his **vest**. Suddenly, his clothing tightened to a black bodysuit, the ARC reactor glowing in the center.

As Cull Obsidian began to run, Tony, in turn, ran to meet the behemoth. He tapped the ARC reactor and millions of tiny particles **spilled out** and started to form a **sleek** version of the Iron Man armor around Tony's body.

Seeing a fight, Cull Obsidian raised his hammer as he charged, and swung it down hard. Without stopping, Iron Man raised his arm and a **triangular** shield formed to block the blow. With a mighty **clang**, hammer hit shield, and stopped.

법을 걸고 있는 스트레인지와 웡에게로 고개를 돌렸다.

"이봐, 물러나 있어." 그가 브루스에게 손짓했다. "이 사람 좀 봐줘. 고마워."

스트레인지와 웡은 눈빛을 교환했다. 그들은 타임 스톤을 지키는 사람이지 베이비 시터가 아니다! 그러나 그들이 혹은 브루스가 반대하기도 전에 토니가 조끼 옆에 하나씩 있는 두 개의 줄을 잡아당겼다. 갑자기 그의 옷이 검정색 바디 슈트로 조여졌고, 아크 원자로가 중앙에서 빛났다.

컬 옵시디언이 달리기 시작하자, 토니도 거인에게 맞서기 위해 따라 달렸다. 그가 아크 원자로를 두드리자 수만 개의 작은 조각들이 쏟아져 나와 토니의 몸 주변에 매끈한 형태의 아이언맨 슈트를 형성하기 시작했다.

그 투지를 본 컬 옵시디언이 돌격하며 망치를 들어 올린 뒤 힘껏 내리찍었다. 아이언맨은 저지하지 않고 팔을 들어 올렸고 삼각형 모양의 방패를 만들어 공격을 막았다. 쨍그랑하는 거대한 소리와 함께 망치가 방패를 치고는 멈췄다.

Suddenly, two sets of curved metal **extended** from Iron Man's back, aimed like four arms at Cull Obsidian. The moment they locked into place, missiles **launched** from each and rocketed straight at the foe, blasting him back, aimed at Ebony Maw. His brother gave a slight wave and used his telekinesis to **swiftly** brush him to the side, **barreling** Cull Obsidian into the side of an **abandoned** cab.

Bruce looked on in **awe**. Iron Man glanced back, faceplate parting so he could smile. "Where'd *that* come from?" Bruce gaped.

"It's nanotech. You like it? A little something I—" Tony was cut off by Ebony Maw, whose powers lifted Iron Man up and sent him high in the air.

Ebony Maw knew that the only way to get the Time Stone was to **engage** Doctor Strange directly. With another wave of his hand, Maw sent an **uprooted** tree flying toward the Mystic. Wong acted quickly and put up a mystical **barrier** around them. The tree **dissolved** as it hit the shield.

갑자기 아이언맨의 등에서 두 세트의 곡선 모양의 금속이 펼쳐지더니 마치 네 개의 팔처럼 컬 옵시디언을 겨냥했다. 그것들이 제위치에 고정된 순간, 미사일이 각각의 금속에서 발사되어 적에게 곧장 돌진하였고 컬 옵시디언을 뒤로 날려 보내며 에보니 모를 조준했다. 컬의 형제는 손을 살짝 흔든 뒤 염력을 사용해 컬 옵시디언을 옆으로 재빨리 털어냈고, 컬 옵시디언은 버려진 택시 쪽으로 쏜살같이 날아갔다.

브루스가 경이롭게 바라보았다. 아이언맨이 힐끗 뒤를 돌아보았고, 그가 웃을 수 있게 안면 보호용 판이 벌어졌다. "그건 어디서 난 거야?" 브루스가 놀라서 입이 떡 벌어졌다.

"나노 기술. 맘에 들어? 내가 한 작은…." 토니의 말이 에보니 모에 의해 중단되었고, 모의 힘이 아이언맨을 들어 올려 공중으로 높이 날려버렸다.

에보니 모는 타임 스톤을 얻는 유일한 방법은 닥터 스트레인지와 직접 맞붙는 것임을 알고 있었다. 또 한 번의 손짓으로 모가 뿌리째 뽑힌 나무를 마법사 쪽으로 날렸다. 웡은 재빨리 움직여 그들 주변에 마법의 방어막을 만들었다. 나무가 방어막에 부딪히자 녹아버렸다.

Doctor Strange gave Bruce a **withering** look as he **whipped** his arm in a circle, opening a portal behind the scientist. "Doctor Banner," he mused, "if the rest of your green friend won't be joining us ..."

Without finishing his sentence, Strange sent Bruce through the portal ... where Banner found himself falling five feet above the ground smack **in the middle of** Washington Square Park, two blocks away. Bruce landed with an **unceremonious** thud on the ground and had to quickly **dodge** the back half of a car that had flown through the portal behind him, cut in two as the portal closed.

"Yaaahhh!" Bruce exclaimed. He panted for air, silently **frustrated** that he couldn't help as the Hulk.

Back at the site of the battle, Iron Man zoomed down from the sky to **position** himself between Ebony Maw and the Time Stone the Child of Thanos was so **intent** on collecting. Cull Obsidian, **recovered** from the blasts, spotted his **opponent** and swung his hammer. The **blunt** end **disconnected**, attached by a chain, and raced at

닥터 스트레인지는 브루스에게 위축감을 주는 시선을 보내며 팔로 큰 원을 그리며 휘저었고, 그 과학자 뒤에 포털을 열었다. "배너 박사." 그가 혼잣말했다. "당신의 녹색 친구가 우리와 함께하지 않을 거라면…."

말을 끝내기도 전에 스트레인지가 브루스를 포털을 통해 내보냈고… 5피트(1.5m) 높이에서 떨어진 배너가 자신을 발견한 곳은 두 블록 거리의 워싱턴 스퀘어 공원 한 가운데였다. 브루스는 땅 위로 인정사정없이 쿵 하며 떨어졌고, 포털을 통해 자신의 뒤로 날아 들어오다 포털이 닫힐 때 둘로 쪼개진 자동차 뒷부분을 재빨리 피해야 했다.

"으아아악!" 브루스가 소리쳤다. 그는 헐크로서 도울 수 없다는 사실에 소리 없이 좌절하며 숨을 거칠게 내쉬었다.

다시 전투의 현장에서 아이언맨은 하늘에서 급강하해 에보니 모와 그 타노스의 자식이 꼭 가지려고 열중하고 있는 타임 스톤 사이에 자리잡았다. 충돌에서 회복한 컬 옵시디언이 상대를 발견하고 망치를 휘둘렀다. 사슬로 이어진 뭉툭한 끝이 분리되어 있었고, 아이언맨에게 쏜살같이 날아갔다. 망치가 그의 가슴을 정통으로 때렸다.

Iron Man. It hit him square in the chest. With a **flick** of his wrist, Cull twisted the hammer and it hoisted Iron Man from the ground, sending him crashing through a building.

Rubble and debris were everywhere, but the streets were cleared of any **civilians** as Ebony Maw and Cull Obsidian continued their path of destruction. Cull chased after Iron Man.

His rocket guidance systems knocked offline **temporarily** by Cull Obsidian's blow, Iron Man **careened** through the sky and crashed into Washington Square Park. Bruce ran to his fallen friend.

"Tony, you okay?" he asked. Iron Man's arms and legs were spread out in the **miniature** crater he had created when he hit the ground. "How we doing? Good? Bad?"

"Really, really good," Iron Man said **sarcastically**. "Do you plan on helping out?"

Before Bruce could answer, Iron Man leapt up and **tackled** him. "Hammer!"

컬이 손목을 휙 움직여 망치를 돌렸고 땅에서 아이언맨을 들어 올려 건물을 뚫고 날려 보냈다.

돌무더기와 잔해들이 여기저기에 널려 있었지만, 에보니 모와 컬 옵시디언의 계속된 파괴의 행적으로 거리에 민간인은 아무도 없었다. 컬이 아이언맨을 뒤쫓았다.

컬 옵시디언의 공격으로 아이언맨의 로켓 유도 시스템이 일시적으로 오프라인 상태가 되었고, 아이언맨은 하늘을 위태롭게 가르며 워싱턴 스퀘어 공원에 충돌했다. 브루스가 쓰러진 친구에게 달려갔다.

"토니 괜찮아?" 그가 물었다. 아이언맨의 팔과 다리는 그가 땅에 부딪혀 생긴 작은 구멍에 뻗어 있었다. "우리 잘하고 있어? 괜찮아? 나쁜 상황이야?"

"진짜, 진짜로 좋아." 아이언맨이 비꼬며 말했다. "도울 생각은 있는 거야?"

브루스가 대답을 하기도 전에 아이언맨이 뛰어올라 그를 잡아 넘어뜨렸다. "망치야!"

Cull Obsidian's hammer **whizzed** past the place Bruce Banner's head had been seconds before. With Bruce out of harm's way, Iron Man turned to Cull Obsidian and fired repulsor beams from each gloved hand. Cull blocked the blasts with his **weapon**, sending the energy blasts in different **directions**.

One sliced a tree in half and Bruce had to **scramble** to avoid being **squashed**. He **clenched** his fists in frustration. "Come on, Hulk! Come out! Come out!" he demanded.

In a blur, Bruce's face **morphed** into the Hulk's! Hulk let out a mighty **bellow** and screamed "NO!" before changing back to Banner.

"What do you mean, 'no'?" Bruce was at his wit's end.

The battle between Cull Obsidian and Iron Man raged on in the park. To Tony Stark's **amazement**, Cull Obsidian's thick hide and alien tech weapon **staved off** most of his blasts. Cull and Iron Man were in a **standoff**, the hammer ready to crush Iron Man, Tony pushing it back with all his

컬 옵시디언의 망치가 브루스 배너의 머리가 몇 초 전에 있던 곳을 쌩하고 지나갔다. 아이언맨은 브루스와 안전한 곳으로 피한 뒤, 컬 옵시디언 쪽으로 몸을 돌려 장갑을 낀 양손에서 리펄서 빔을 발사했다. 컬은 자신의 무기로 빔을 막았고, 그 에너지 빔을 다른 방향으로 보내버렸다.

빔이 나무를 반으로 베어 버렸고 브루스는 나무에 짓눌리지 않기 위해 재빨리 움직여야 했다. 그가 좌절감에 주먹을 꽉 쥐었다. "제발, 헐크! 나와! 나오라고!" 그가 강하게 요구했다.

브루스의 얼굴이 흐릿하게 헐크의 얼굴로 변했다! 헐크는 "싫어!"라고 외치며 우렁찬 고함을 질렀고 곧 배너로 되돌아갔다.

"싫다는 게 무슨 뜻이야?" 브루스는 어찌할 바를 몰랐다.

컬 옵시디언과 아이언맨의 전투는 공원에서 맹렬히 계속되었다. 토니 스타크가 깜짝 놀랄 만큼 컬 옵시디언은 두꺼운 가죽과 외계의 첨단 무기로 토니의 에너지 빔을 거의 피했다. 컬과 아이언맨은 교착 상태에 있었고, 망치는 곧 아이언맨을 박살낼 태세였으며 토니는 망치를 있는 힘을 다해 밀어내고 있었다.

might. With a quiet "Thwip," Tony looked up to see Cull's hammer covered in … spider webs? A moment later, it was **yanked** away.

Turning, Iron Man saw the person responsible.

"Hey man," Spider-Man nodded to Cull Obsidian. "What's up, Mister Stark?" His voice was as **exuberant** and light as ever, something Tony **secretly admired** in the **teen** hero.

"Kid! Where'd you come from?"

"A field trip to MoMA," Spider-Man answered. Instead of seeing the Museum of Modern Art, however, Peter Parker saw Cull Obsidian's hand grab him hand **hurl** him across the park. Spider-Man twisted in mid-air, webbing a tree and bounded back into the fight.

"What's this guy's problem, Mr. Stark?"

Iron Man was flying around Cull, trying to find a weak spot as he blasted the **menace**. "He's from space. He came to steal a necklace from a wizard."

작은 "트윕" 소리에 토니가 올려다보자 컬의 망치가 덮여 있었다…. 거미줄? 잠시 후 망치가 홱 잡아당겨 졌다.

아이언맨이 고개를 돌려 누구의 행동인지 보았다.

"안녕하세요." 스파이더맨이 컬 옵시디언 쪽으로 고개를 까딱해 보였다. "안녕하세요, 스타크 씨?" 그의 목소리는 활기가 넘쳤고 늘 그렇듯 밝았는데, 토니가 이 10대 영웅에게 남모르게 존경하는 부분이었다.

"꼬맹아! 너 어디에서 나타난 거야?"

"모마*로 현장학습 가다가요." 스파이더맨이 대답했다. 현대 미술관을 구경하는 것 대신 피터 파커는 자신을 잡아 공원을 가로질러 던지는 컬 옵시디언의 손을 보게 됐다. 스파이더맨이 공중에서 몸을 비틀었고, 나무에 거미줄을 친 뒤 튀어 올라 싸움으로 복귀했다.

"이 녀석 뭐가 문제예요, 스타크 씨?"

아이언맨이 컬 주변을 날아다녔고, 그 위협적인 존재에게 에너지 빔을 날리며 그의 약점을 찾으려 했다. "이 녀석은 우주에서 왔어. 마법사에게 목걸이를 훔치러 왔지."

★ **모마** : 뉴욕 현대 미술관

Before Spider-Man could **express** how **awesome** that sounded, he saw a car flying toward his head, thrown by the big ugly from space.

This was definitely not the field trip Peter Parker imagined when he woke up.

Outside the Sanctum Sanctorum, Doctor Strange and Wong were facing attacks from Ebony Maw. Using the surrounding debris and broken glass as weapons, Maw sent them **hurtling** at the mystics. Strange opened a portal in front of them and another by Maw. The sharp objects flew in one portal and Maw was surprised to find them speeding back at his own elongated face.

Dodging them, he took his eyes off of Strange for a moment, which was all he needed to **pounce**. Swirling his hand, Doctor Strange conjured a magical whip. He snapped it at Maw and the green energy weapon encircled the alien. **Unfortunately**, Maw's **will** was stronger.

Maw flew toward Strange and the whip disappeared.

스파이더맨이 그 말이 얼마나 멋진지 표현하기도 전에, 그는 우주에서 온 크고 못생긴 녀석이 던진 자동차가 자신의 머리 쪽으로 날아오는 것을 보았다.

이것은 확실히 피터 파커가 아침에 일어나 상상한 현장학습이 아니었다.

생텀 생토럼 밖에서는 닥터 스트레인지와 웡이 에보니 모의 공격에 맞서고 있었다. 모는 주변에 있는 파편과 부서진 유리를 무기로 사용해 마법사들에게 날려 보냈다. 스트레인지는 그 파편들 앞에 포털을 열었고 모 옆에 또 다른 포털을 열었다. 그 날카로운 것들이 한 포털로 날아 들어갔고, 모는 그것들이 자신의 가늘고 긴 얼굴을 향해 빠르게 되돌아오는 것을 보고 놀랐다.

날카로운 파편을 재빨리 피해 모가 잠시 스트레인지에게서 눈을 뗐는데, 그것이 스트레인지가 공격하기 위해 필요한 전부였다. 닥터 스트레인지가 손을 돌려 마법 채찍을 만들어냈다. 그가 모를 향해 채찍을 빠르게 움직였고 그 녹색 에너지의 무기가 외계인을 둘러쌌다. 불행하게도 모의 의지가 더 강했다.

모가 스트레인지를 향해 날아갔고 채찍은 사라졌다.

Strange **braced** for impact, only to find himself lifted off the ground. Maw used his telekinesis to slam the mystic against the wall.

"Your powers are **quaint**. You must be **popular** with the children."

With a **smug** smile, Maw reached for the Eye of Agamotto, eyes glinting at the sight of the Time Stone. But as his hand touched it, he screamed in pain.

"It's a simple spell, but quite **unbreakable**," said Strange, **confidently**.

Ebony Maw's dark eyes **narrowed** to **slits** and his lip **curled** in hatred. "Then I'll take it off your **corpse**."

A deep rumbling came from the ground as dozens of metal pipes and **rebar** shot through the **pavement**, wrapping around Doctor Strange's body. As they tightened, binding him, Strange let out a pained grunt.

Struggling against the bonds, Strange looked to Maw. "You'll find removing a dead man's spell **troublesome**," he **defied** the alien.

스트레인지는 공격을 버티려 했지만, 땅에서 들어 올려지는 자신을 발견할 뿐이었다. 모가 염력을 사용해 마법사를 벽으로 세게 던졌다.

"네 능력은 신기하군. 아이들한테 인기 있겠어."

우쭐한 미소를 지으며 모가 아가모토의 눈에 손을 뻗었고, 타임스톤을 보는 그의 눈이 번뜩였다. 그러나 손이 스톤에 닿자 그가 고통에 비명을 질렀다.

"간단한 마법이지만 깨기가 상당히 어렵지." 스트레인지가 확신을 갖고 말했다.

에보니 모의 어두운 눈이 길게 찌푸려졌고 입술은 증오에 차서 일그러졌다. "그렇다면 네 시체에서 그걸 빼내야겠군."

낮게 우르릉거리는 소리가 땅에서 들렸고, 수십 개의 파이프와 철근이 도로를 뚫고 나와 닥터 스트레인지의 몸 주변을 감쌌다. 그것들이 그를 묶으며 조이자 스트레인지가 고통에 신음했다.

결박에서 빠져나오려 몸부림치며 스트레인지가 모를 쳐다보았다. "죽은 사람의 마법을 깨는 건 골칫거리라는 걸 알게 될 거야." 그가 외계인에게 저항했다.

To Strange's surprise, Maw grinned **maliciously**. "You'll only wish you were dead."

Maw's words were cut off as Strange's Cloak of Levitation **wormed** itself free and pulled the mystic through the **coils**.

"No!" Maw was furious at seeing his **prey escape**, flying to Washington Square Park.

In the park, Iron Man was blocking **blow after blow** from Cull Obsidian with a shield formed from the nanites in his suit. He glanced up to see a **barely** conscious Stephen Strange fly through the air, guided by the Cloak.

"Kid!" Tony pointed to Strange. "That's the wizard! Get on it!"

Peter spun and his jaw dropped at the sight. He was still **relatively** new to the super hero game, but having fought with and against Avengers made him think he'd seen it all. Today, he was wrong. First aliens and a spaceship, now a

놀랍게도 모는 심술궂게 활짝 웃었다. "차라리 죽길 바라게 될 거다."

스트레인지의 레비테이션 망토가 꿈틀거리며 탈출해 고리 사이로 마법사를 당기자 모의 말이 중단되었다.

"안 돼!" 워싱턴 스퀘어 공원으로 날아가는 먹잇감의 탈출을 본 모가 격렬히 분노했다.

공원에서 아이언맨은 슈트 안의 나노 기기에서 형성되는 방패로 컬 옵시디언의 연이은 공격을 막고 있었다. 그는 의식이 거의 없는 스테판 스트레인지가 망토의 도움을 받아 공중에서 날아가는 것을 힐끗 올려다보았다.

"꼬마야." 토니가 스트레인지를 가리켰다. "저 사람이 마법사야! 저기 올라타!"

피터가 몸을 돌렸고 그 광경에 입이 딱 벌어졌다. 그는 아직 상대적으로 슈퍼히어로 게임에 익숙하지 않았지만, 어벤져스와 함께 그리고 그들에게 맞서 싸운 경험*은 그가 거의 모든 것을 봤다고 생각하게 했다. 오늘로, 그가 틀렸다. 처음엔 외계인과 우주선, 이제

* 〈캡틴 아메리카: 시빌 워〉에서의 전투

magic cape carrying a wizard through Washington Square Park. He THWIP'd his webs and caught the cape like a **fisherman** hooking a **bass**.

"Gotcha!" But the Cloak of Levitation apparently had him, pulling Spider-Man in every direction possible as it zigged and zagged.

Everything changed **in an instant**, however. The Cloak, Doctor Strange, and Spider-Man froze in place. Slowly, they began to rise, dust and debris climbing to the heavens with them. Peter had seen enough **outer space** movies to know a tractor beam when he saw one. And right now he was in one, which would be cool if it wasn't taking him to a **terrifying** spaceship!

"Wait!" Spider-Man bellowed. Looking around, he spotted a **target**: a nearby **streetlamp**. He fired his webs at it and pulled, acting as an **anchor**. The tractor beam was too strong, however.

Spider-Man's voice **activated** his communication radio

는 워싱턴 스퀘어 공원을 가로질러 마법사를 운반하는 마술 망토까지. 그가 거미줄을 쳐서 농어를 낚는 낚시꾼처럼 망토를 잡았다.

"잡았다!" 그러나 명백하게는 레비테이션 망토가 그를 잡은 것이었고, 지그재그로 움직이며 스파이더맨을 가능한 모든 방향으로 잡아당겼다.

하지만 모든 것이 순식간에 바뀌었다. 망토와 닥터 스트레인지 그리고 스파이더맨이 제자리에 멈췄다. 그들은 천천히 떠오르기 시작했고 먼지와 파편도 그들과 함께 하늘로 올라갔다. 피터는 많은 우주 영화를 보았기에 트랙터 빔*을 보았을 때 그것이 무엇인지 알아봤다. 그리고 바로 지금 그 광선 속에 그가 있었고, 그것이 그를 무서운 우주선으로 데려가는 것만 아니라면 멋진 일일 것이다!

"잠깐!" 스파이더맨이 고함을 질렀다. 주위를 둘러본 그가 목표물을 발견했다. 가까이에 있는 가로등. 그가 가로등을 향해 거미줄을 발사했고 끌어당겨 닻 역할을 하게 했다. 그러나 트랙터 빔이 훨씬 강했다.

스파이더맨의 목소리가 마스크의 안에 있는 통신 라디오를 작동

* **트랙터 빔** : 대상을 끌어당기는 광선

in his mask. "Uh, Mister Stark, I'm being beamed up."

In the park, Iron Man was still holding his ground against Cull Obsidian, who was delivering blow after blow. "Hold on, kid!" he managed to grunt.

Cull began another charge, this time changing targets to Bruce Banner. Iron Man was briefly caught off guard. Banner started backing up but **fell on his butt** and had to crawl, very much wishing the Hulk would appear right now. As Cull reached for him, a portal of energy swirled in the air, enveloping the goliath.

There was a frozen tundra **visible** for a moment on the other side of the portal before it closed, cleanly cutting off one of Cull's hands, which rolled to a **disgusted** Banner.

Bruce and Tony turned to see Wong, mystical green energy surrounding him, finishing the spell of **banishment**.

"Wong, you're invited to my wedding," Tony thanked the mystic.

시켰다. "저, 스타크 씨. 저도 끌려가고 있어요."

아이언맨은 공원에서 여전히 연타를 날리는 컬 옵시디언에 맞서 버티고 있었다. "기다려, 꼬마야." 그가 간신히 앓는 듯 소리를 냈다.

컬이 또다시 돌격하였고, 이번에는 브루스 배너로 대상을 바꾸었다. 아이언맨은 순간적으로 당황했다. 배너는 뒷걸음질치다 엉덩방아를 찧었고, 지금 이 순간 헐크가 나타나기를 간절히 바라며 기어갔다. 컬이 그에게 손을 뻗자 에너지 포털이 공중에서 소용돌이치며 그 골리앗을 뒤덮었다.

포털이 닫히기 전에 포털 반대편에 얼어붙은 툰드라가 잠깐 보였고, 깨끗이 잘린 컬의 한쪽 팔이 역겨워하는 배너 쪽으로 굴러갔다.

브루스와 토니는 몸을 돌려 신비로운 녹색 에너지에 둘러싸여 사라지게 하는 마법을 마무리하는 웡을 바라보았다.

"웡, 자네를 내 결혼식에 초대할게." 토니가 마법사에게 고마움을 전했다.

The victory was short-lived, however. Spider-Man and Doctor Strange were still on the **trajectory** to the spaceship, which had begun to take off. Tony cursed silently. Ebony Maw must have boarded the ship and was piloting it to Thanos, taking Doctor Strange and the Time Stone with him. His stomach dropped more when he realized the other **cargo** Maw had in his tractor beam would never survive in space. If Tony didn't act quickly, Peter Parker would die.

그러나 승리는 오래가지 못했다. 스파이더맨과 닥터 스트레인지가 우주선으로 가는 궤도에 아직 있었고, 그 우주선은 이륙 준비를 하고 있었다. 토니가 나직이 욕을 뱉었다. 에보니 모가 우주선에 탑승한 것이 틀림없었고 그가 닥터 스트레인지와 타임 스톤을 타노스에게 가져갈 것이다. 토니는 모의 트랙터 빔에 탄 다른 화물이 우주에서 절대 생존할 수 없다는 것을 깨달았을 때 가슴이 철렁 내려앉았다. 토니가 재빨리 행동하지 않는다면 피터 파커는 죽을 것이다.

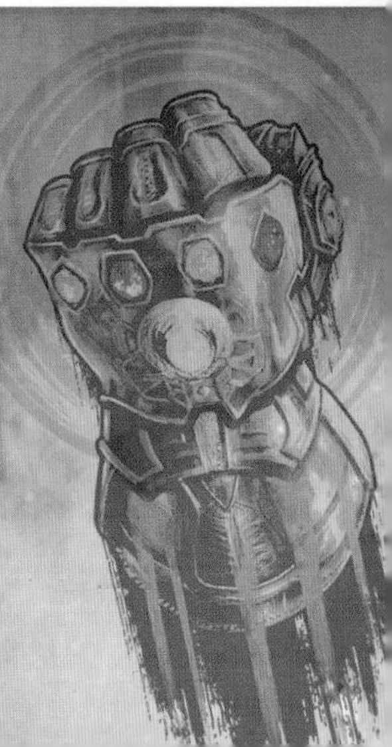

ATM

MARVEL
AVENGERS
INFINITY WAR

MARVEL
AVENGERS
INFINITY WAR

CHAPTER 4

워크북 p32

WITH THE ***TELESCOPIC VISION*** in his **visor**, Iron Man saw that Peter Parker had managed to **climb up** his web and cling to the rocket. Doing a fast **calculation**, he **determined** the teen had **exactly** 8.6 seconds to live before the space ship broke the **atmosphere**, cutting off his air.

스파이더맨을 구하기 위해 아이언맨이 대기권을 벗어나는 우주선을 쫓아갑니다. 한편 지구로부터 수 광년 떨어진 곳에서 밀라노 우주선을 타고 우주를 가로지르던 가디언즈들은 완전히 부서진 스테이츠맨을 발견합니다.

아이언맨은 바이저*에 있는 망원경으로 피터 파커가 로켓에 매달려 거미줄을 타고 간신히 올라가고 있는 것을 보았다. 토니는 재빠르게 계산해 우주선이 대기권을 벗어나 산소가 끊기기 전까지 그 십 대 아이에게 정확히 8.6초가 남았다는 것을 알아냈다.

★ **바이저** : 헬멧에 달린 마스크

❶ "FRIDAY, give me some juice," he **ordered** and **personal** rockets **unfolded** from his suit and boots, **propelling** him with a *BOOM* into the air. Bruce watched and the man of science said a small prayer for a boy he'd just met.

Trying not to panic, Tony barked, "Unlock 14-A."

FRIDAY **complied** with the order and miles away, in the **former** Avengers **headquarters**, a **storage** bay **marked** 14-A opened. A pod sped out at faster than sound, targeted on Spider-Man.

Peter was getting tired, cold, and **lightheaded** from **lack** of air. His ears were ringing, which is why he thought Iron Man was crazy when he heard him next.

"Pete," Tony said, "you gotta let go. I'm gonna catch you."

Gripping his mask, Peter pulled it off to get more air. 3.9 seconds of **oxygen** left, by Tony's calculation. "But you … said … save the wizard." It was difficult to talk. "Can't breathe," Peter gasped.

"프라이데이, 속력을 높여줘." 그가 명령하자 슈트와 부츠에서 개인용 로켓이 펼쳐졌고, 쿵 하는 소리를 내며 그를 공중으로 나아가게 했다. 브루스가 이를 지켜보았고 이 과학자는 방금 만난 남자아이를 위해 작게 기도했다.

당황하지 않으려 애쓰며 토니가 소리쳤다. "14-A 열어."

프라이데이가 명령에 따랐고, 수 마일 떨어진 예전 어벤져스 기지 안에서 14-A라고 표기된 보관소가 열렸다. 유선형 캡슐이 스파이더맨을 겨냥해 소리보다 빠른 속도로 이동했다.

피터는 공기가 부족해지자 점점 피로하고 추워졌으며 어지러웠다. 귀는 윙윙 울렸고, 그 때문에 그는 옆에서 아이언맨의 목소리를 들었을 때 그가 미쳤다고 생각했다.

"피터." 토니가 말했다. "그냥 놔. 내가 널 잡아 줄게."

피터는 공기를 더 마시기 위해 마스크를 움켜쥐곤 급히 벗었다. 토니의 계산상으로 3.9초 분량의 산소가 남아있었다. "하지만… 마법사를… 구하라고 했잖아요." 말하기가 힘들었다. "숨 막혀." 피터의 숨이 턱 막혔다.

Tony shook his head. He would *not* **lose** Spider-Man! "We're too **high up**. You're running out of air."

At his words, Peter **fell off** the ship and into the Earth's atmosphere. Tony was too **far away** to catch him, but the object in 14-A was right on time. Slamming into Peter's back, it began to form a metallic-like suit that looked like a **modified** version of his own. Tony's nanites! He had designed Spider-Man a suit!

The suit fully formed around Peter, mask **included**. Spider-Man bounced off the circular ship ... and stuck like a **magnet**. Well, more like a spider, Peter thought as oxygen from the **internal** systems filled his **lungs**.

"Whoa! Mister Stark, it smells like new car in here!"

Tony smiled. There was the boy who had been **dogging** him to become an Avenger for the past year. "Happy trails, kid." Before Peter could ask what that meant, a **parachute** unfolded behind him, pulling him off the craft, designed to take him gently through the Earth's atmosphere without burning.

토니가 고개를 저었다. 그는 스파이더맨을 잃지 않을 것이다!

"우린 너무 높이 있어. 공기가 희박해."

그의 말이 끝나자 피터는 우주선에서 떨어져 지구의 대기권 안으로 추락했다. 토니가 그를 잡기에는 너무 멀었지만, 14-A안에 있던 물건이 제시간에 도착했다. 그것은 피터의 등에 쾅 하고 부딪힌 뒤 피터가 가진 슈트의 개조된 버전처럼 보이는 금속 같은 슈트를 만들기 시작했다. 토니의 나노 기기! 그가 스파이더맨 슈트를 설계한 것이다!

슈트가 피터를 둘러싸며 완전히 만들어졌고, 마스크도 포함되어 있었다. 스파이더맨은 원형 모양의 우주선으로 튀어 올라… 자석처럼 달라붙었다. 더욱더 거미 같아진 피터는 내부 시스템에서 나온 산소가 자신의 폐를 가득 채웠다고 생각했다.

"우와! 스타크 씨, 여기에서 새 차 냄새가 나요!"

토니는 미소를 지었다. 지난 한 해 동안 어벤져스의 일원이 되기 위해 토니를 계속 쫓아다닌 남자아이였다. "행복한 여정이 되렴, 꼬맹아." 피터가 그 말이 무슨 뜻인지 묻기도 전에, 뒤로 낙하산이 펼쳐져 우주선으로부터 그를 잡아당겼는데, 그 낙하산은 불에 타지 않고 지구 대기권을 부드럽게 통과하도록 설계된 것이었다.

"Oh come *on*!"

With Spider-Man safely **Earthbound**, Iron Man attached himself to the ship and began using lasers from his **gauntlet** to cut into the **hull**. A piece flew out and Tony hoisted himself in. Looking around, it was like nothing he had seen before, yet **strangely familiar**, as were all things Thanos. Ghosts floating in his mind for six years ever since he first made contact during the **climax** of the Battle of New York. Pressing a button, his boots activated **stealth** mode and he silently began to **examine** the invading ship.

Unknown to Iron Man, it would take more than a parachute to stop Peter Parker, **ultimate** science teen, to get his first **glimpse** of space. Having **detached** the chute, Spider-Man was **crawling** hand over hand on the webbing attached to the vessel, grunting and wishing he'd paid more attention in science class.

Heaving, he managed to **flip** in through the hole in the hull Iron Man had cut just as **emergency door sealed** the entrance shut.

"아, 진짜!"

스파이더맨이 안전하게 지구로 향하는 동안 아이언맨은 우주선에 붙었고 선체를 자르기 위해 슈트의 장갑에서 레이저를 쏘기 시작했다. 한 조각이 날아가자 토니는 몸을 안으로 끌어올렸다. 주변을 둘러보니 모든 것이 타노스처럼 한 번도 본 적이 없지만, 이상하게 낯익었다. 뉴욕 전투가 절정이었던 시기에 처음 본 이후로 6년 동안 그의 마음속에 떠다녔던 환영들. 그가 버튼을 누르자 부츠에서 스텔스 모드가 작동되었고 그는 조용히 침략선을 살피기 시작했다.

아이언맨은 몰랐지만, 10대 최고의 과학자인 피터 파커에게서 첫 우주 경험을 막으려면 낙하산 이상의 것이 필요할 것이다. 스파이더맨은 낙하산을 떼어낸 뒤 우주선에 붙은 거미줄 위로 손을 번갈아 옮겨가며 기어갔고, 앓는 소리를 내며 과학 시간에 좀 더 집중할 걸 후회했다.

비상문이 막 봉인되고 입구가 닫힐 때 그가 한숨을 내쉬며 아이언맨이 잘라 놓은 선체의 구멍 사이로 간신히 들어갔다.

Standing at the controls, Ebony Maw entered **coordinates** and smiled. He turned, knowing his father would be **pleased**. The mystic was on his way to Titan, where Thanos would be able to **retrieve** the Time Stone.

In a flash of light, the circular ship hit **hyperspace** and vanished into the far reaches of the galaxy.

Miles below, Bruce Banner and Wong stood in the streets of Manhattan, wreckage surrounding them. They watched **helplessly** as the ship vanished from **orbit**. Sighing heavily, Wong opened a portal to the Sanctum Santorum, stepped through, and began to **ascend** the crumbling stairs.

"Where are you going?" Bruce asked.

"The Time Stone has been taken," Wong sighed. "The Sanctum remains **unguarded**." Wong's voice was heavy with **responsibility**. Bruce noticed it was **tinged** with sadness. "What will you do?"

Before he could answer, something caught Bruce's eye in the **rubble**: Tony's flip phone. He opened it and,

조종석에 있던 에보니 모가 좌표를 입력하곤 미소를 지었다. 그는 아버지가 만족하시리라 생각하며 몸을 돌렸다. 마법사는 타노스가 타임 스톤을 되찾을 수 있는 타이탄으로 가는 중이었다.

순식간에 원형 모양의 우주선은 초공간에 이르렀고 은하계 먼 곳으로 사라졌다.

수 마일 아래, 브루스 배너와 웡은 잔해에 둘러싸여 맨해튼 거리에 서 있었다. 우주선이 궤도에서 사라지는 동안 그들은 무기력하게 바라보고 있었다. 무거운 한숨을 쉬며 웡은 생텀 생토럼으로 가는 포털을 열었고, 통과해 부서진 계단을 오르기 시작했다.

"어디 가는 거야?" 브루스가 물었다.

"타임 스톤을 빼앗겨서" 웡이 한숨을 내쉬었다. "생텀이 보호받지 못하고 있어." 웡의 목소리는 책임감으로 인해 가라앉았다. 브루스는 그 목소리에 슬픔이 서려 있음을 알아챘다. "자넨 어떻게 할 건가?"

그가 대답하기도 전에 돌무더기 안에서 무언가가 브루스의 눈길을 사로잡았다. 토니의 플립 폰이었다. 그가 폰을 열었고, 기적적으

miraculously, it powered on. STEVE ROGERS remained the only contact in the phone.

Lifting it to his ear, Bruce looked at Wong with a **glimmer** of hope entering his eye for the first time in years.

"I'm gonna make a call."

Light-years away a sleek orange and silver ship **sliced through** space, some of Earth's classic hits from the 1970s and 80's filling the **cabin**, its **highly eclectic** crew singing along. The ship: *The Milano.* The crew: The Guardians of the Galaxy.

Nowhere else in the galaxy could you find Star-Lord, a human raised by **pirates**; Gamora, a green-skinned warrior woman raised by Thanos; Mantis, a pale empath with **antennae** on her head; Drax, a **muscular** green hued alien with **intricate tattoos**; Groot, a **sentient sapling**; and Rocket, a **foul-mouthed genetically** modified **raccoon**, all **banded together** to save the galaxy (and maybe **plunder** a few **leftovers**).

로 전원이 켜졌다. 스티브 로저스가 전화기 안의 유일한 연락처로 남아있었다.

브루스는 전화기를 귀로 들어 올리며 몇 년 만에 처음으로 눈에 담긴 한 가닥의 희망과 함께 웡을 바라보았다.

"난 전화를 할 거야."

수 광년 떨어진 곳에서 주황색과 은색의 날렵한 우주선이 우주를 가르고 있었는데, 1970년에서 1980년대의 지구 대표 명곡들이 선실을 가득 메우고 있었고 아주 다양한 선원들이 노래를 따라 부르고 있었다. 우주선 이름은 밀라노. 선원들은 가디언즈 오브 갤럭시.

은하계 어디에서도 찾을 수 없는, 해적들에게 길러진 인간 스타로드. 타노스에게 길러진 녹색 피부의 여전사 가모라. 머리의 더듬이로 다른 이들의 감정을 감지할 수 있는 창백한 맨티스. 난해한 문신을 한 근육질의 녹색 외계인 드랙스. 지각이 있는 어린나무 그루트. 그리고 유전자가 변형된, 입이 거친 라쿤 로켓. 그들 모두 은하계를 구하기 위해 모였다. (그리고 조금 남은 것들은 약탈할지도 모른다.)

"Why are we doing this again?" **yawned** Rocket, regarding their **current** mission.

Still bopping her head to the music, Gamora glanced back at the ship's **co-pilot**. "Because it's a distress signal, Rocket," she **reasoned**. "Someone could be dying."

Rocket rolled his eyes. "I get that, but why are *we* doing it?"

Peter Quill and Gamora exchanged looks. Star-Lord knew that particular look, so he tread carefully. "Because we're nice." Gamora smiled and turned her attention back to the tracker that had picked up the distress signal.

Thinking she was out of **earshot**, Quill **leaned back** and winked at Rocket. "And maybe whoever it is will give us a little cheddar cheese for our **effort**."

"Which isn't the point," Gamora admonished without turning.

"Which isn't the point," Quill echoed.

Rocket was about to **protest** when the antennae on Mantis's pale head **perked** and her pitch black eyes

"우리가 이 일을 왜 하는 거라고?" 그들의 현재 임무에 관해 로켓이 하품하며 말했다.

가모라는 여전히 음악에 맞춰 고개를 끄덕이며 우주선의 부조종사 쪽을 힐끗 돌아보았다. "왜냐하면 이건 조난 신호잖아, 로켓." 그녀가 깨우쳐주었다. "누군가 죽어가고 있을지도 몰라."

로켓이 눈을 굴렸다. "나도 알아. 근데 왜 우리가 이걸 하고 있냐고?"

피터 퀼과 가모라는 눈빛을 주고받았다. 스타 로드는 그 특유의 표정을 알았기에 신중을 기했다. "왜냐면 우리는 착하잖아." 가모라는 미소를 지으며 조난 신호를 포착한 추적기로 관심을 돌렸다.

그녀가 소리를 듣지 못할 만큼 멀어졌다고 생각한 퀼은 상체를 뒤로 젖혀 로켓에게 윙크했다. "그리고 아마 누구든 간에 우리의 노력에 체더치즈를 조금 줄 거야."

"그게 중요한 게 아니잖아." 가모라가 몸을 돌리지도 않고 꾸짖었다.

"그게 중요한 게 아니잖아." 퀼이 따라 말했다.

로켓이 반박하려 할 때 맨티스의 창백한 머리에 있는 더듬이가 쫑긋 섰고, 까만 눈이 커졌다.

widened. "We are arriving."

"All right Guardians, don't forget this could be dangerous," Quill said, sounding like a football coach, "so let's put on our mean faces." Granted, not the best coach.

The electronic **bleeps** of a video game cut the **stillness** of the ship's **cockpit**. All eyes turned to Groot, who had grown since their **encounter** with Ego to the size of a teenager. Apparently, so had his attitude. One leg-like **branch** was **slung** over the arm of his chair, his attention focused on the **handheld** game he was playing.

Quill **gritted his teeth**, a familiar argument **brewing**. "Groot, put that thing away now. I don't wanna tell you again."

Without looking up, Groot made a face and sneered "I am Groot."

Everyone's eyes widened in shock. "Hey! Language!" Rocket **scolded**. Groot gave a **derisive** grunt in **response**.

"도착했어."

"좋아, 가디언즈. 위험할 수도 있다는 걸 잊지 마." 퀼이 축구 코치처럼 말했다. "그러니까 험상궂은 표정을 짓자." 그렇다. 최고의 코치는 아니었다.

비디오 게임기의 전자음 소리가 우주선 조종실의 정적을 깨뜨렸다. 모든 시선이 에고*를 만난 이후 십 대의 크기로 자란 그루트에게로 쏠렸다. 명백히, 그의 태도도 십 대 같았다. 나무 같은 한쪽 다리를 의자의 팔걸이 위에 건 채 그의 관심은 그가 하고 있는 소형 게임기에 쏠려 있었다.

퀼이 이를 악물었고, 익숙한 말다툼이 벌어졌다. "그루트, 당장 그거 치워. 다시 말하게 하지 마."

그루트는 쳐다보지도 않고, 얼굴을 찌푸린 채 비웃었다. "난 그루트다."

모두의 눈이 충격으로 커졌다. "이 녀석! 말버릇 봐라!" 로켓이 꾸짖었다. 그루트는 그에 대한 대답으로 조롱 섞인 소리를 냈다.

---

* **에고** : 스타 로드의 아버지

"Keep it up and I'm gonna **smash** that thing to pieces," Rocket **threatened**.

The argument was cut short by a tiny gasp from Mantis, who pointed to the window of the cockpit. "What happened?"

Through the glass they saw the **utter** destruction of the *Statesman*. Wreckage, **bent** metal, lifeless bodies, all floating in deep-space. Alone and forgotten. Left to never be **discovered**.

"Looks like we're not getting paid," Rocket whispered, about to turn.

WHAM!

Something—**rather** someone—slammed into the cockpit window. Thor's body **splayed** across the glass. Inside, the Guardians tried to regain their **composure**, and failed.

"Whoa!" Gamora and Drax exclaimed **simultaneously**.

"Ew!" Rocket exclaimed, climbing closer to see that Thor did **indeed** only have one eye

"계속해 봐. 그럼 게임기를 조각조각 박살 내버릴 테니까." 로켓이 위협했다.

조종실의 창문을 가리키는 맨티스의 헉 하는 작은 숨소리에 논쟁이 갑자기 중단되었다. "무슨 일이 일어난 거죠?"

그들은 유리창을 통해 완전히 부서진 스테이츠맨을 보았다. 우주선의 잔해, 구부러진 금속, 시체들, 모두 깊은 우주에 떠다녔다. 외롭게 그리고 잊혀진 채로. 아무에게도 발견되지 못한 채 남겨져 있었다.

"돈을 받지는 못할 것 같네." 로켓이 몸을 돌리며 조용히 말했다.

쾅!

무언가, 더 정확히 말하면 누군가가 조종실 창문에 부딪혔다. 토르의 몸이 유리창 전체에 걸쳐 뻗어 있었다. 안쪽에서는 가디언즈들이 침착하려 애썼지만 실패했다.

"우오!" 가모라와 드랙스가 동시에 소리쳤다.

"웩!" 로켓은 가까이 올라가서 토르가 진짜로 눈 한쪽만 있는 것을 보고 소리쳤다.

"Oooh!" Mantis **squeaked** at the sight.

Rocket began searching switched in the cockpit. ❷"Wipers! Wipers! Get it off!" he freaked out.

Quill leaned in to look closer, **oddly** calm. He quickly jumped back as Thor's one good eye snapped open.

"오우!" 맨티스는 그 광경을 보고 소리 질렀다.

로켓은 조종실에서 스위치를 찾기 시작했다. "와이퍼! 와이퍼! 저걸 떼어내!" 그가 기겁했다.

퀼은 더 가까이 보기 위해 몸을 숙였는데 이상하리만치 침착했다. 토르의 정상인 한쪽 눈이 탁 뜨자 퀼은 재빨리 뒤로 물러섰다.

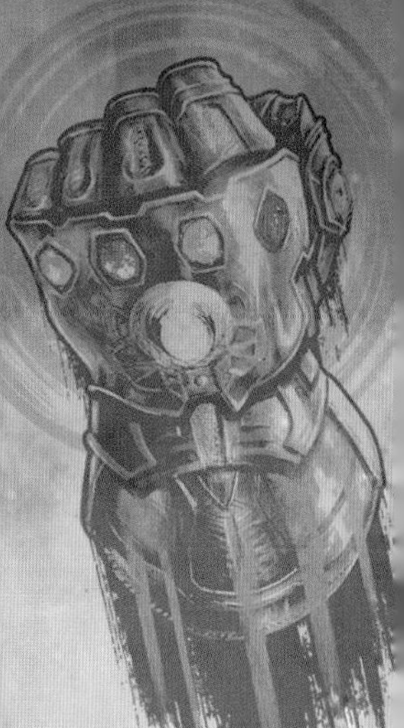

MARVEL
AVENGERS
INFINITY WAR

MARVEL
AVENGERS
INFINITY WAR

CHAPTER 5

워크북 p37

"*HOW IS THIS DUDE* still alive?"

Quill spoke the question on everyone's mind as they looked at the Asgardian, breathing **shallowly** on the table in their **common room**. It had taken four of them just to reel him into the *Milano* and all of them to put him where he now rested.

부서진 스테이츠맨의 잔해 속에서 구조된 토르는 타노스의 계획을 저지하고 우주를 구하기 위해 가디언즈와 팀을 나누어 다른 행성으로 향합니다. 한편 스코틀랜드의 작은 마을에 있던 완다와 비전은 타노스의 부하들에게 갑작스러운 공격을 받습니다.

"이놈이 어떻게 아직 살아 있는 거지?"

모두가 휴게실의 테이블 위에서 얕은 숨을 쉬고 있는 아스가르드인을 바라볼 때, 퀼이 모든 사람들의 마음속에 있는 질문을 했다. 밀라노 안으로 그를 당겨 올리는 데 네 명이 필요했고, 지금 그가 누워 있는 곳에 그를 눕히기 위해 그들 모두가 필요했다.

"He is not a dude," Drax **revered**. Pointing at Quill, "*You're* a dude. This is a *man*."

Quill rolled his eyes and was about to protest when Mantis **laid** her hand on Thor's head. She instantly **reeled** but did not break contact.

"He's **anxious**...angry." Mantis went deeper into Thor's **psyche**. "He feels **tremendous** loss."

Drax gaped. "It's like a pirate had a baby with an angel."

"Wow," **snarked** Quill.

Gamora had sided up to Drax to get a better look. None had ever seen an Asgardian before, much less the Odinson.

Gently touching his arm, Gamora noted, "It's like his **muscles** are made of Cotati metal."

That was it. Peter Quill had had enough. "Stop massaging his muscles. Wake him up." He tried to **hide** his **jealousy**.

Mantis leaned in and whispered a single word: "Wake."

"놈이 아니야." 드랙스가 경외하며 말했다. 그가 퀼을 가리켰다. "네가 놈이지. 이 자는 사내야."

퀼이 눈을 굴렸고 반박하려고 할 때 맨티스가 토르의 머리에 손을 올렸다. 그녀는 그 즉시 휘청거렸지만 접촉을 멈추지는 않았다.

"불안하고… 화가 나 있어요." 맨티스는 토르의 정신 속으로 더 깊이 들어갔다. "엄청난 상실감을 느끼고 있어요."

드랙스는 넋을 잃고 바라보았다. "해적과 천사가 낳은 아이 같아."

"와." 퀼이 예민하게 반응했다.

가모라는 더 자세히 보기 위해 드랙스 옆에 섰다. 아무도 아스가르드인을 본 적이 없었고, 오딘슨은 더 말할 것도 없었다.

부드럽게 그의 팔을 만지며 가모라가 말했다. "근육이 마치 코타티 금속으로 만들어진 것 같아."

거기까지였다. 피터 퀼은 참을 만큼 참았다. "근육 마사지 그만하시지. 그를 깨워." 그는 질투심을 감추려고 노력했다.

맨티스가 몸을 숙여 한 단어를 속삭였다. "일어나요."

Chaos **erupted** as Thor lunged up and off the table, roaring. The Guardians all reached for their weapons. Then, the adrenaline rush faded and Thor fell forward, bracing himself against the table.

With a questioning glance he looked at the **motley** crew and asked, "Who the hell are you guys?"

Thor **scooped** the cereal from the bowl with his spoon as if it was the greatest meal in all of the Nine **Realms**. He was **ravenous**.

Not that he would **necessarily** call the *Milano* a "realm." The crew, however, seemed to be able to **shed** a great deal of **light on** his recent encounter with the villain that destroyed the **vast remainder** of his **kingdom** and people.

"The entire time I was with Thanos, he only ever had one **goal**: to bring balance to the Universe by wiping out half of all life," Gamora began. Her arms wrapped around herself at the **memory**, she forced herself to carry on despite the horrors she had seen. "He used to kill people,

토르가 고함지르며 테이블에서 벌떡 일어나 돌진하는 바람에 혼란이 일어났다. 가디언즈 모두 무기에 손을 뻗었다. 그러고 나서 아드레날린 분출이 서서히 사라졌고 토르는 앞으로 쓰러지며 테이블에 몸을 지탱했다.

그는 의아한 눈초리로 자신을 바라보는 잡다한 선원들을 보며 물었다. "도대체 너희는 누구냐?"

토르는 마치 아홉 왕국을 통틀어 가장 최고의 음식인 것처럼 숟가락으로 그릇에서 시리얼을 떴다. 그는 배가 고파 죽을 지경이었다.

밀라노를 꼭 '왕국'이라고 부를 필요는 없다. 그러나 그의 남은 왕국과 국민을 초토화시킨 악당과의 최근 만남에 대해 그 선원들이 많은 것을 밝혀낼 수 있을 것처럼 보였다.

"내가 타노스와 함께한 모든 시간 동안 그의 목적은 단 하나였어. 모든 생명체의 절반을 없애 우주의 균형을 맞추는 것." 가모라가 말하기 시작했다. 그녀는 팔로 자신의 몸을 감싸며 회상했고, 자신이 경험한 참상에도 불구하고 말을 계속 이어가려 노력했다. "그는 행성과 행성을 돌아다니며 끊임없이 학살을 일삼고 사람들을

planet by **planet**, **massacre** by massacre."

From a corner of the **galley**, Drax looked up. "Including my own," he said, his voice lost in the pain of the past.

Gamora's voice grew **dire**. "If he gets all six Infinity Stones, he can do it with the snap of his fingers." She **punctuated** it with a snap of her own.

"You seem to know a great deal about Thanos," Thor **wondered**, his **alarms** raised.

"She is the daughter of Thanos," Drax said, not helping to **ease** Thor's **concern**. The Odinson stood to face her.

"Your father killed my brother," Thor **snarled**.

"Oh, boy." Rocket wasn't sure if he should get between them or move out of the way. He chose to move far away.

Quill, **on the other hand**, tried to **defuse** the situation. "**Stepfather** actually." Thor was within a foot of Gamora. "And she hates him as much as you do," Peter spoke as fast as he could.

Thor stopped. Looking Gamora in her eye, he placed his hand on her shoulder. "Families can be tough."

죽였어."

조리실 구석에서 드랙스가 쳐다보았다. "내 행성에도 그랬지." 과거의 아픔에 목소리가 잠긴 채 그가 말했다.

가모라의 목소리가 몹시 커졌다. "그가 인피니티 스톤 여섯 개를 모두 얻게 되면, 손가락만 튕겨도 그걸 실현할 수 있어." 그녀가 손가락을 튕기며 강조했다.

"넌 타노스에 대해 많이 아는군." 토르는 궁금해하며 경계심을 높였다.

"가모라는 타노스의 딸이야." 드랙스가 말했고, 토르의 우려를 더는 데 도움이 되진 않았다. 오딘슨은 그녀를 마주보기 위해 일어섰다.

"네 아버지가 내 동생을 죽였다." 토르가 으르렁거렸다.

"오, 이런." 로켓은 그들 사이에 껴야 할지 비켜야 할지 확신하지 못했다. 그는 멀리 떨어지는 것을 택했다.

반면 퀼은 그 상황을 진정시키려고 노력했다. "정확히는 의붓아버지야." 토르는 가모라에게서 1피트(30cm) 앞에 있었다. "그리고 당신만큼 놈을 증오해." 피터가 최대한 빨리 말했다.

토르가 멈춰 섰다. 그가 가모라의 눈을 바라보며 그녀의 어깨에 손을 얹었다. "가족사가 힘들 수 있지."

He motioned to his eye. "I feel your **pain**."

He squeezed her shoulder gently and turned. Gamora saw the jealous look on Quill's face and rolled her eyes, **indicating** there was nothing between her and the muscled pirate angel.

Suddenly **realizing** what was in his hand, Thor held up the **utensil**. "I need a hammer, not a spoon." He tossed it over his shoulder and walked to one of the *Milano*'s hanger bays. Inside was a **long-range** pod, perfect for his needs. He started to **mash** the buttons **on** the controls. "How do I open this? Is it some four-digit code? Maybe a **birthdate**…?"

Rocket **strode** to Thor, hands on his hips. "What are you doing?" Rocket **demanded**.

"Taking your pod."

"No, you're not." Quill said in a half-**authoritarian** tone and half-**attempted** Asgardian **accent**.

Before Peter could get himself in any (more likely) trouble with Thor, Gamora put herself between the two

그가 자신의 눈을 가리켰다. "네 아픔을 나도 안다."

그가 그녀의 어깨를 부드럽게 쥐고는 돌아섰다. 가모라는 퀼의 얼굴에서 질투 어린 표정을 보고는 눈을 굴리며 자신과 근육질 해적 천사 사이에는 아무것도 없다는 것을 나타냈다.

토르가 갑자기 자신의 손에 무엇이 있는지 알아차리곤 그 식기를 들었다. "숟가락이 아니라 망치가 필요하다." 토르는 숟가락을 어깨 너머로 던지곤 밀라노의 격납고 격실 중 한 곳으로 걸어갔다. 그 안쪽에는 그의 필요를 완벽히 충족시키는 장거리용 포드가 있었다. 그가 조종기 위의 버튼을 누르기 시작했다. "이건 어떻게 열지? 네 자리 암호인가? 아마 생년월일이겠지…?"

로켓은 엉덩이에 손을 올린 채 토르에게 성큼성큼 걸어갔다. "뭐 하는 거야?" 로켓이 따졌다.

"네 포드를 가져가겠다."

"아니, 안 돼." 퀼이 반은 권위적인 말투로, 반은 아스가르드인의 억양을 시도하며 말했다.

가모라는 피터가 토르와 (그럴 가능성이 크지만) 문제를 일으키기 전에 두 남자 사이에 끼어들었다.

men. “We need to stop Thanos. Which means we need to **figure out** where he’s going next.”

“Knowhere.” Thor was matter of fact. Knowhere was a deep corner of space known by few. The Guardians were counted among those few.

Gamora looked to the **thunder** god. “Thor, why would he go to Knowhere?”

“Because for years the Reality Stone has been **safely** stored there with a man called The **Collector**.”

❶The Guardians who had met The Collector felt their stomachs drop. “If it’s with the Collector, then it’s not safe,” Quill expressed. “Only an idiot would give that man a Stone.”

Thor began gathering **supplies** that no one had **offered** for his trip that no one had **sanctioned**. However, none were willing to say no. Thor, for his part, was merely trying to save the Universe.

“How do you know he’s not going for one of the other Stones?” Gamora asked.

"우린 타노스를 막아야 해. 그 말은 그가 이제 어디로 갈지 알아내야 한다는 뜻이야."

"노웨어." 토르가 무미건조하게 말했다. 노웨어는 소수에게만 알려진 우주 깊이 구석진 곳이었다. 가디언즈들은 그 소수에 포함되는 자들이었다.

가모라가 천둥의 신을 바라보았다. "토르, 그가 왜 노웨어로 갈 거라는 거지?"

"왜냐면 수년간 리얼리티 스톤이 컬렉터라는 자에게 안전하게 보관되고 있기 때문이지."

컬렉터를 만난 적 있는 가디언즈들은 가슴이 철렁했다. "만약 리얼리티 스톤이 컬렉터에게 있다면, 안전하지 않아." 퀼이 말했다. "바보나 그놈에게 스톤을 맡기겠지."

토르는 아무도 허가하지 않은 여정을 위해 아무도 제공하지 않은 보급품들을 모으기 시작했다. 하지만 아무도 안 된다고 말하지 않았다. 토르, 그는 단지 우주를 구하려 하는 것뿐이었다.

"그가 다른 스톤을 가지러 가지 않았다는 걸 어떻게 알지?" 가모라가 물었다.

Thor sighed, turned, and faced her.

"There are six Stones out there. Thanos already has the Power Stone because he stole it last week when he **decimated** Xandar."

At this, Gamora, Groot, Rocket, Drax, and Peter exchanged looks. They had met on Xandar and considered some Xandarians friends ... even though they were considered **outlaws** by others there. It was a terrible loss.

Thor continued, his voice grave. "He stole the Space Stone from me when he destroyed my ship and **slaughtered** half my people." Thor paused in a moment of silence for the fallen. "The Time and Mind Stones are safe on Earth. They're with the Avengers."

The Guardians were confused. Peter asked, "The Avengers?"

"Earth's mightiest heroes." Thor said this as if everyone had heard of them. So busy was he **preparing** that he failed to notice a single Guardian knew what he was talking about.

토르는 한숨을 쉬고는 돌아서서 그녀를 마주 보았다.

"저 밖에는 여섯 개의 스톤이 있다. 타노스는 이미 파워 스톤을 가지고 있지. 왜냐면 그가 지난주 잔다르 행성을 몰살시키고서 강탈했기 때문이지."

이 말에 가모라와 그루트, 로켓, 드랙스 그리고 피터는 시선을 주고받았다. 그들은 잔다르 행성에서 만났고 몇몇 잔다르 친구들을 생각했다…. 비록 그들은 그곳에서 다른 이들에게 범법자라고 여겨졌지만 말이다. 그것은 끔찍한 죽음이었다.

토르가 말을 이어 나갔고, 그의 목소리는 엄숙했다. "그가 내 우주선을 파괴하고 백성들의 절반을 죽일 때 내게서 스페이스 스톤을 뺏어갔다." 토르는 전사자들을 위한 묵념으로 잠시 말을 멈췄다. "타임 스톤과 마인드 스톤은 지구에 안전하게 있어. 어벤져스가 스톤을 지키고 있지."

가디언즈들은 혼란스러웠다. 피터가 물었다. "어벤져스라고?"

"지구에서 가장 강한 영웅들이다." 토르는 마치 모두가 그들에 대해 들은 적이 있는 것처럼 말했다. 그는 채비를 하느라 바빠 단 한 명의 가디언도 자신의 말을 이해하지 못했다는 것을 눈치채지 못했다.

"As for the Soul Stone, well, no one's ever seen that. No one even knows where it is." As Thor continued, Gamora turned to busy herself with anything, just so she didn't have to meet his look. The mention of the Soul Stone seemed to make her very **nervous**. "Therefore, he can't get it. Therefore, he's going to Knowhere."

Thor looked around to make sure everyone was following what was to him **plain logic**. Unknown to him, logic was not the Guardians' strongest suit. "***Hence***," he said with added **inflection**, "he'll be getting the Reality Stone."

Thor looked at Gamora, his lesson apparently over. "You're welcome."

Gamora moved to Peter, a plan **formulating** in her mind. "Then we have to go to Knowhere now," she insisted. She was about to explain the importance of **swift** action before she was **cut off**.

"Wrong."

She turned to the speaker. Thor was hoisting the bag

"소울 스톤에 대해서는, 글쎄, 그 누구도 본 적이 없어. 그게 어디에 있는지조차 아무도 모르지." 토르가 말을 이어가는 동안 가모라는 괜히 바쁜 척을 했고, 그렇게 함으로써 그녀는 그와 시선을 마주치지 않을 수 있었다. 소울 스톤에 대한 언급이 그녀를 매우 긴장하게 만든 것 같았다. "그러니 놈은 그걸 얻을 수 없어. 그러니까 그는 노웨어로 갈 거야."

토르는 그 당연한 논리를 모두 이해했는지 확인하기 위해 그들을 둘러보았다. 그는 가디언즈가 논리에 강하지 않다는 것을 알지 못했다. "그런 이유로." 그가 강한 억양으로 말했다. "타노스는 리얼리티 스톤을 가지러 갈 거야."

토르가 가모라를 바라보았고, 그의 가르침은 끝난 듯했다. "고맙긴."

가모라는 피터 쪽으로 몸을 움직이며 머릿속으로 계획을 세웠다. "그럼 우린 당장 노웨어로 가야 해." 그녀가 주장했다. 그녀가 신속한 행동의 중요성을 설명하려던 순간 말이 끊겼다.

"틀렸어."

그녀가 그 말을 한 자에게 몸을 돌렸다. 토르는 그가 챙긴 음식과

he had packed, filled with food, supplies, and more food. Quill opened his mouth to object. "That's my backpack," he **whined**. Gamora was more interested in Thor's plan than whose **possessions** he'd taken.

"Where we have to go is Nidavellir," Thor proclaimed. His order was met with silence until ...

"That's a made-up word," Drax **accused**.

"All words are made-up," Thor **wisely** countered. Gamora rolled her eyes, fearing the literal war of words that was about to erupt. **Surprisingly**, a **raspy** voice cut through the **tension**.

"Nidavellir is ... real? Seriously?" Rocket walked to Thor, his eyes wide and far off, a rare **genuine** smile stretching from whisker to **whisker**. "That place is a legend," he continued, explaining to his fellow Guardians, who were quickly realizing there was a lot more galaxy to learn about if they were to **properly** guard it.

"They make the most powerful, ***horrific*** weapons to ever **torment** the universe." Rocket's voice sounded

보급품 그리고 많은 음식으로 가득 찬 가방을 들어 올리고 있었다. 퀼이 저지하려고 입을 열었다. "그건 내 배낭이야." 그가 불평했다. 가모라는 토르가 누구의 소지품을 챙겼는지보다 그의 계획에 더 관심이 갔다.

"우리가 가야 하는 곳은 니다벨리르다." 토르가 분명하게 말했다. 그의 주장에 침묵이 흘렀고….

"그건 지어낸 단어야." 드랙스가 질책했다.

"모든 단어가 지어낸 거지." 토르가 똑똑히 반박했다. 가모라는 이제 막 일어나려 하는 말싸움을 우려하며 눈을 굴렸다. 놀랍게도 거친 목소리가 긴장을 깼다.

"니다벨리르가… 진짜 있다고? 정말로?" 로켓은 눈이 커져 벌어진 채, 양쪽 수염으로 뻗은 보기 드문 진심의 미소를 지으며 토르에게 걸어갔다. "거긴 전설의 장소잖아." 그가 말을 이었고, 우주를 잘 지켜내기 위해선 우주에 대해 알아야 할 것이 훨씬 많다는 것을 재빨리 깨달은 가디언 친구들에게 설명했다.

"그 녀석들은 은하계에 고통을 안겨주는 가장 강력하고 끔찍한 무기를 만들잖아." 로켓의 목소리는 산타의 정신 없는 작업장을 설

like a child describing Santa's **demented workshop**. It was literally a dream come true to Rocket knowing that Nidavellir existed. He **chuckled**. Suddenly, eyes coming back into focus, he turned to Thor.

"I would very much like to go there, please." Quill nearly choked at the sound of Rocket saying 'please' to anyone, no matter how many weapons a place had. Gamora shook her head. This had to be a **fool's errand**.

Thor gave an approving look at Rocket before passing his **judgment** to the rest of the crew. "The rabbit is **correct**, and clearly the smartest among you."

Rocket's chest **puffed** and was about to repeat the **compliment** when one word in **particular** sunk in. "Rabbit?"

"Only Eirti the Dwarf can make the weapon I need," Thor explained, **ignoring** Rocket's confused look at being called a rabbit. Instead, he gave Rocket a slight bow and placed his **fist** over his chest as a sign of **camaraderie**. "I assume you're the captain, sir? You seem like a **noble**

명하는 아이 같았다. 니다벨리르가 존재한다는 사실은 로켓에겐 말 그대로 꿈이 실현된 것이었다. 로켓이 조용히 웃었다. 갑자기 그의 눈에 초점이 돌아오며 토르를 향해 돌아섰다.

"난 거기 너무 가고 싶어. 부탁이야." 그곳에 얼마나 많은 무기가 있든 간에 로켓이 누군가에게 '부탁이야'라고 하는 소리를 들은 퀼은 거의 말문이 막혔다. 가모라는 고개를 저었다. 그것은 헛고생일 것이 분명했다.

토르는 자신의 의견을 다른 선원들에게 전하기 전에 로켓에게 허락한다는 시선을 보냈다. "토끼가 옳다. 확실히 너희 중에서 가장 똑똑하군."

로켓이 가슴을 펴고 그 칭찬을 반복하려던 참에 특정 단어를 인식했다. "토끼?"

"드워프 에이트리만이 내게 필요한 무기를 만들 수 있지." 토르는 토끼라고 불린 것에 혼란스러워하는 로켓의 표정을 무시하고 설명했다. 대신 그는 로켓에게 살짝 고개를 숙이고는 동지애를 나타내는 신호로 로켓의 가슴에 위에 주먹을 두었다. "자네가 대장 맞겠지? 고결한 지도자처럼 보이는군. 니다벨리르로 가는 원정에

leader. Will you join me on my quest to Nidavellir?"

Even Groot, still playing his game, was shocked to hear how **misguided** Thor seemed to be. Drax snorted at how red Quill was becoming and Gamora sighed heavily. Only Mantis had a look behind her smile that suggested in this case, Thor might actually be right in trusting Rocket.

Standing at least two inches taller, Rocket **strutted** around the common area. "Let me just ask the Captain. Oh, wait a second, that's me!" He grinned from ear to ear.

Thor **beamed** as well. "Wonderful!" This trip was shaping up to be **fortuitous**. Until …

"Uh, except for that I'm the captain," Peter Quill said, raising his hand in **objection** as he moved to place himself between Thor and the *Milano*'s **secondary** pod.

"Quiet." Thor's brusk demand was so direct and commanding that it gave even Star-Lord a moment's pause.

Shaking it off, the exact mission **specifics** crossed Peter's mind. "Wait," he said. Thor turned back to face

동참하겠나?"

계속 게임을 하던 그루트조차 토르가 얼마나 잘못된 판단을 했는지를 듣고 충격을 받았다. 드랙스는 빨갛게 변하는 퀼의 얼굴을 보고 코웃음을 쳤고 가모라는 깊은 한숨을 내쉬었다. 지금 상황으로 봤을 땐, 오직 맨티스만이 미소 뒤로 어떤 표정을 지었는데 어쩌면 로켓을 믿는 토르가 정말로 옳을지도 모른다는 표정이었다.

적어도 2인치(5cm) 이상 더 커 보이게 선 로켓은 휴게실을 으스대며 걸었다. "대장에게 물어볼게. 오, 잠깐만. 그게 나잖아!" 그가 입이 귀에 걸릴 듯 활짝 웃었다.

토르 역시 활짝 웃었다. "좋아!" 여행은 순조롭게 전개되고 있었다. 이 직전까진….

"음, 내가 대장이란 것을 제외하고는 말이지." 피터 퀼이 반대의 의미로 손을 올리며, 토르와 밀라노의 두 번째 포드 사이로 움직였다.

"조용히 해." 토르의 무뚝뚝한 요구는 매우 직설적이었으며 스타로드조차 잠시 멈추게 할 정도로 위엄이 있었다.

피터가 정적을 떨쳐내자, 그 임무의 세부 내용이 머릿속에 떠올랐다. "잠깐" 그가 말했다. 토르가 그와 마주하기 위해 돌아섰다.

him. Peter squared his shoulders and tried to be taller as he cleared his throat. “What kind of weapon are we talking about here?”

❷The answer caught everyone off guard.

“The Thanos-killing kind.” Thor’s words hung in the common room as everyone **absorbed** the **enormity** of such a weapon’s possibility.

Recovering first, Quill begged, “Don’t you think we should all have a weapon like that?”

“No.” Thor shot him down. “Your mind is too weak.”

Sadly, that wasn’t the first time Peter had heard that. It *was* the first time he **heeded** those words, however.

Gamora, having heard enough of **dwarves**, rabbits, and Thanos-killing weapons, stepped forward as the voice of reason. “If we don’t go to Knowhere and Thanos retrieves another Stone, he’ll be too powerful to stop.” As she addressed the room, her words sunk in. Thor’s drove them home.

피터는 헛기침을 하곤 어깨를 똑바로 펴 키가 더 커 보이려 애썼다. "여기서 우리가 말하는 무기가 뭔데?"

그에 대한 대답이 모든 이들의 허를 찔렀다.

"타노스를 죽일 수 있는 무기." 토르의 말이 휴게실에 감돌았고 모두 그런 무기가 가진 가능성의 막대함에 대해 생각했다.

먼저 정신을 차린 퀼이 간청했다. "우리도 그런 무기가 있어야 하지 않을까?"

"아니." 토르는 그를 묵살했다. "너희들의 정신은 너무 약해."

슬프지만, 피터가 그 말을 들은 것이 처음은 아니었다. 하지만 그가 그런 말에 주의를 기울인 것은 처음이었다.

난쟁이, 토끼 그리고 타노스를 죽일 무기에 대해 충분히 들은 가모라가 이성적으로 말하며 앞으로 나섰다. "우리가 노웨어로 가지 않아서 타노스가 또 다른 스톤을 갖게 된다면, 그럼 너무 강해져서 막을 수 없을 거야." 그녀가 휴게실에서 말했고, 충분히 이해가 되는 말이었다. 토르가 알아들을 수 있게 말했다.

"He already is." The Asgardian's voice was grave and filled with painful memories.

Rocket, feeling his duty as 'captain,' barked out a plan. ❸"I got it figured out. We got two ships and a large **assortment** of morons." Everyone ignored the insult and looked at him to **continue**. "So, me and Groot will go with the pirate angel here, and the **morons** will go to Knowhere and try to stop Thanos. Cool?" There were no objections. "Cool."

Rocket had already gathered his guns and other **explosives** and placed them in his own bag. He was surveying the pod with his Captain's eye when a hand spun him around. Quill.

"For the record, I know that you're going with him because that's where Thanos isn't," Peter **hissed**.

Smirking, Rocket raised his voice loud enough for Thor to hear. "You know, you really shouldn't talk to your captain that way." ❹That was exactly the thing to get under Quill's skin and Rocket knew it when he saw Peter's face

"이미 그렇지." 아스가르드인의 목소리는 진지했고, 아픈 기억으로 가득했다.

'대장'으로서 의무감을 느낀 로켓은 갑자기 계획을 외쳤다. "내가 정리해주지. 우리에겐 우주선이 두 대이고 갖가지 종류의 멍청이들이 있잖아." 모두 그 모욕을 무시했고, 그가 말을 이어가도록 쳐다보았다. "그러니깐 나와 그루트는 이 해적 천사와 함께 가고, 다른 멍청이들은 노웨어로 가서 타노스를 막는 거야. 좋지?" 반대는 없었다. "좋아."

로켓은 자신의 총과 다른 폭발물들을 모아 이미 가방에 넣어두었다. 어떤 손이 그를 휙 잡아 돌렸을 때 그는 대장의 눈으로 포드를 살피는 중이었다. 퀼이었다.

"솔직히 말해서, 난 네가 저자와 함께 가는 이유를 알아. 왜냐면 거긴 타노스가 없으니까." 피터가 낮게 말했다.

로켓은 히죽거리며 토르가 충분히 들을 수 있게 목소리를 크게 높였다. "있잖아. 너 그런 식으로 대장한테 말하면 안 돼." 그 말은 정확히 퀼을 짜증나게 했고, 로켓은 피터의 얼굴이 빨갛게 달아오르는 것을 보고 그것을 알아챘다.

flush red.

Rocket **loaded** his and Groot's packs into the pod then looked to find the tree-creature holding his video game close to the bark of his face, branches **nimbly** pressing the buttons.

Sighing, Rocket grabbed the **adolescent** alien to bring him to the pod. "Come on Groot. Put that game down, you'll **rot** your brain," he admonished.

Groot grunted a rude answer that stunned Rocket. But there were weapons of torment and destruction to be seen and they needed to begin their journey, so Rocket ushered Groot to the back. He had to dodge being banged in the head by Thor's backpack. The fact that it was stolen from Quill brought **warmth** to his **furry** chest.

All three had **boarded** the pod and were ready to part ways. Gamora said a silent prayer that they would meet again soon. Peter hoped Rocket would **get lost**, or at least a little singed. Drax still couldn't stop staring at the pirate angel.

로켓은 그루트와 자신의 짐을 포드에 싣고, 비디오 게임기를 얼굴 껍질 가까이에 댄 채 나뭇가지로 재빠르게 버튼을 누르는, 나무처럼 생긴 생명을 찾기 위해 둘러보았다.

로켓은 한숨을 쉬며 그 사춘기 외계인을 포드로 데리고 가기 위해 그를 붙잡았다. "가자, 그루트. 그 게임기 내려놔. 네 뇌가 썩을 거야." 로켓이 충고했다.

그루트는 로켓을 망연자실하게 만드는 무례한 대답을 뱉었다. 하지만 고통과 파괴의 무기들이 기다리고 있었고, 그들은 여행을 시작해야 했기에 로켓은 그루트를 뒷자리로 안내했다. 그는 토르의 배낭에 머리를 부딪히는 것을 피해야 했다. 퀼에게서 포드를 빼앗았다는 사실이 그의 털로 덮인 가슴을 따뜻하게 했다.

셋 모두 포드에 탑승했고 떠날 준비가 되었다. 가모라는 그들이 곧 다시 만나길 비는 조용한 기도를 했다. 피터는 로켓이 길을 잃거나 적어도 조금이라도 불에 타기를 바랐다. 드랙스는 여전히 해적 천사를 바라보는 것을 멈출 수 없었다.

Inside the vessel, Thor **saluted**. "I **bid** you **farewell** and good luck, morons."

Knowing he was using Rocket's term for the crew and not meaning any true offense, Mantis waved back.

Thor smiled at her. "Bye."

With a single word, the pod **ejected** into space, splitting the team into two **distinctly** different missions, both of which could determine the fate of the universe. With that thought weighing on the minds of both ships' **occupants**, *The Milano* and Thor's craft sped off in different directions.

Neither crew was **aware** their decision to **split** would impact all life.

Millions of light-years away, the ships were **impossible** to see from Earth, even by the android eyes of the Vision. His skin now pale and human-looking, he was wrapped in a cardigan and **wool** pants, staring at the dark clouds **rolling in**.

우주선 안에서 토르가 경의를 표했다. "자네들에게 작별을 고하며 행운을 비네, 멍청이들."

토르가 선원들에게 로켓의 말투로 말하고 있으며, 악의는 없다는 것을 알고 있는 맨티스가 손을 흔들어 답례했다.

토르가 그녀를 보고 미소 지었다. "잘 있거라."

그 한마디와 함께 포드는 우주로 보내졌고, 우주의 운명을 결정지을지도 모르는, 뚜렷하게 다른 두 개의 임무로 팀이 나뉘었다. 두 우주선 탑승자들의 마음을 짓누르는 생각과 함께 밀라노와 토르의 우주선은 서로 다른 방향으로 속도를 냈다.

팀을 나누기로 한 그들의 결정이 모두의 삶에 영향을 주리란 것을 어느 선원도 알지 못했다.

수백만 광년 떨어진 우주선들은 비전의 안드로이드 눈으로도 지구에서는 볼 수 없었다. 그의 피부는 지금 창백하고 인간처럼 보였다. 그는 카디건과 모직 바지를 입은 채 어두운 구름이 밀려오는 것을 바라보고 있었다.

The night was cold in the tiny town in Scotland, but the fire in the **cozy** room warmed Wanda Maximoff. From her bed, she saw Vision staring out the window, his mind a million miles away, and a slight look of pain on his face as he touched the Mind Stone on his **forehead**.

"Vis?" Not even the Scarlet Witch had the power to hide the concern from her voice. Nor did she want to at this moment.

Vision tapped the Mind Stone. "It's as if it's … speaking to me." He sounded both confused and a bit **fearful**.

Wanda got out of bed and pulled a blanket around herself as she moved to him. She stood **in front of** him by the window, wrapping him in the blanket as well, placing her head on his chest.

The action caused Vision's heart to **beat** faster and he felt his face **flush**. **Logically**, he knew those were **biological** responses he was programmed to feel. Recently, however, he had been experiencing **thoughts** and **emotions** more **independently**, outside his **initial** programming.

스코틀랜드의 작은 마을에서의 밤은 추웠지만, 아늑한 방의 난롯불은 완다 맥시모프를 따뜻하게 해주었다. 그녀는 침대에서, 창문 밖을 응시하고 있는 비전을 보았고, 그의 마음은 수백만 마일 떨어진 곳에 있는 듯 했다. 그가 이마에 있는 마인드 스톤을 만지자 얼굴에 가벼운 통증의 기색이 보였다.

"비전?" 스칼렛 위치조차 자신의 목소리에서 걱정을 숨길 초능력은 없었다. 이 순간은 그러고 싶지도 않았다.

비전이 마인드 스톤을 두드렸다. "이건 마치… 내게 말을 하는 것 같아." 그의 목소리는 혼란스러웠고, 조금 두려워하는 것 같았다.

완다가 침대에서 일어나 담요를 두르며 그에게로 갔다. 그녀가 창가에 있는 그의 앞에 섰고, 그에게 담요를 감싸주며 그의 가슴에 머리를 댔다.

그 행동은 비전의 심장을 빨리 뛰게 했고 그는 얼굴이 붉어지는 것을 느꼈다. 논리적으로, 그는 자신이 이러한 생물학적 반응을 느끼도록 프로그래밍 되었다는 것을 알고 있었다. 하지만 최근 들어 그는 초기 프로그램 이외의 생각과 감정을 독자적으로 경험하고 있었다.

Especially when it came to Wanda. He had wondered if the Stone had anything to do with it, or if it was an internal change.

Now was the time to test that **theory**.

"Tell me what you feel," he whispered.

Wanda started to touch his chest, but Vision guided her hand to the Stone. She looked at him quizzically at first but **agreed** to give him the answers he sought. Tiny **strands** of red energy **flickered** from her fingers, connected with the Stone, and arced back to her hands.

"I just feel … *you*." Wanda couldn't **explain** it exactly, but with a **slight** kiss to her forehead, Vision **assured** her that he understood. Enough so that he smiled as he came to a decision that had been weighing on his mind for months.

Dressing, the **pair** walked outside the **inn** they had called home for the past week. Things were changing at a faster **rate** now, Vision thought. He didn't mean the Stone, either. Or, at least not **entirely**. Before they could enter the

특히 완다에 관해서라면 말이다. 그는 이것이 스톤과 관련이 있는지 아니면 내적 변화인지 궁금했다.

지금이 그 이론을 시험할 때였다.

"뭐가 느껴지는지 말해줘." 그가 속삭였다.

완다는 그의 가슴에 손을 대려했지만, 비전이 그녀의 손을 스톤으로 가지고 갔다. 그녀는 처음엔 놀란 듯 그를 바라보았지만, 이내 그가 원하는 대답을 주기로 했다. 작은 붉은 에너지 가닥들이 그녀의 손가락에서 약하게 깜박거리며 스톤에 연결되었고, 포물선을 그리며 손으로 되돌아갔다.

"그냥… 당신이 느껴져." 완다가 정확하게 설명할지는 않았지만, 비전은 그녀의 이마에 살짝 입 맞추며 자신이 이해했다는 것을 확인시켜주었다. 몇 달간 그의 마음을 짓누르던 결정을 내렸기에 그는 미소를 짓기 충분했다.

두 사람은 옷을 갈아입고, 지난 몇 주간 집이라고 불렀던 여관 밖을 걸었다. 비전은 지금, 상황이 더 빠른 속도로 변하고 있다고 생각했다. 스톤을 의미하는 게 아니었다. 아니, 적어도 전부는 아니었다. 그들이 동네 식당에 들어가기 전에 비전이 완다를 멈춰 세웠다.

local restaurant, Vision stopped Wanda.

Taken aback slightly by the serious look on Vision's face, Wanda opened her mouth to ask again if he was feeling well. He beat her to the question, one that caught her off guard **completely**.

"What if this time I didn't go back?"

Ever since the Civil War between heroes after the signing of the Sokovia Accords outlawed **unregistered** people with powers, Wanda and Vision had found themselves still on **opposite** sides of the law. Vision was **loyal** to Tony Stark, not surprising since part of his programming was from the Artificial Intelligence system JARVIS that had served him. Wanda, on the other hand, had been forced into hiding and on the run.

The one thing that **united** them, and the one thing both sides seemed to look beyond and be happy for, was the **budding relationship** between Wanda and Vision.

Still, Wanda worried. ❺ "But you gave Stark your word."

비전의 심각한 표정에 약간 놀란 완다는 그의 기분이 괜찮은지 다시 한번 묻기 위해 입을 열었다. 그가 그녀의 질문을 선수쳤고, 그 질문은 완전히 그녀의 허를 찔렀다.

"내가 이번에 돌아가지 않는다면?"

소코비아 협정 서명 이후 영웅들 사이 일어난 전투 이래로 초능력을 가졌지만 등록되지 않은 사람들은 범법자가 되었고, 완다와 비전은 여전히 그 법의 반대편에 서 있었다. 비전은 토니 스타크에게 충성을 다했는데 그의 프로그램 일부가 토니를 위해 일하던 인공지능 시스템인 자비스로부터 왔기에 놀랄 일은 아니었다. 반면 완다는 억지로 숨어 살며 도망을 다녔다.

그들을 묶어주는 단 한 가지, 즉 양쪽이 마음속으로 그리며 행복해하는 단 한 가지는 완다와 비전 사이에 싹트는 관계였다.

여전히 완다는 걱정했다. "하지만 스타크와 약속했잖아."

Taking her face in his hands, Vision felt more **alive** (human, **possibly**?) than he had since the Mind Stone brought forth his **consciousness**.

"I'd rather give it to you."

The words were the most serious **vow** Vision could give her, Wanda realized. Her own heart **swelled** despite the danger such a decision could mean for them.

Vision continued. ❻"For two years we've stolen these moments, trying to see if this could work, and…" Vision took a deep breath, wondering if this is what nervous felt like. "I think…"

They finished the thought **in unison**. "It works."

Their echoed **declaration** and near kiss was broken as something caught Wanda's eye through the window, **peering into** the restaurant. A **newscaster** was **broadcasting** footage of **devastation** in New York. Wanda had read about the attack six years ago and knew this was something different. The hovering ring ships and **blurred footage** of Ebony Maw and Cull Obsidian fighting

그녀의 얼굴에 손을 대자, 비전은 마인드 스톤이 그의 의식을 만든 이후 그 어느 때보다 (아마도 인간처럼?) 살아있음이 느껴졌다.

"너와 그 약속을 하고 싶어."

그 말이 비전이 그녀에게 할 수 있는 가장 진지한 맹세라는 것을 완다는 깨달았다. 그 결정이 그들에게 위험이 될 수도 있었지만, 그녀의 가슴은 벅차올랐다.

비전이 이어 말했다. "우리는 2년간 이 방식이 통할까 싶어서 잠깐씩 만나 왔잖아. 그리고…." 비전은 긴장한 기분이란 이런 것일까 궁금해하며 숨을 깊이 들이쉬었다. "내 생각엔…."

그들은 동시에 그 생각을 끝냈다. "그 방식이 통했지."

그들의 반복된 맹세 그리고 키스에 가까워지려던 분위기는 창문을 통해 무언가가 완다의 시선을 사로잡으며 깨졌고, 그녀가 식당 안을 자세히 들여다보았다. 뉴스 진행자가 뉴욕 참사 영상을 방송하고 있었다. 완다는 6년 전 그 공격에 대해 읽은 적이 있었고 이번 공격은 뭔가 다르다는 것을 느꼈다. 허공에 떠 있는 고리 모양의 우주선, 에보니 모와 컬 옵시디언에 맞서 싸우는 스파이더맨과 그녀가 잘 모르는 두 마법사의 희미한 장면에 그녀의 손에서 에너지가

Spider-Man and two mystics she didn't **recognize** made the energy in her hands start to crackle. She gasped as an image of Iron Man being blasted through a building **flashed** across the screen.

She could barely find her voice enough to ask Vision, "What are they?"

A long sigh **preceded** Vision's answer. The one thing he had dared to hope was just human **paranoia** had become reality.

"What the Stone was warning me about," was all he could say.

What flashed on the screen made them both take notice: *Tony Stark* ***MISSING!***

Vision grabbed Wanda's hand and kissed it, almost running as he did so. "I have to go." But Wanda **refused** to let go.

"No. If that's true, then maybe going isn't the best idea." By Vision's own reasoning, his Stone had been warning him. Now, the attack in New York, Stark missing, aliens

치직 소리를 냈다. 아이언맨이 한 건물을 뚫고 내팽개쳐지는 화면이 떠오르자 그녀는 숨이 턱 막혔다.

그녀는 간신히 비전에게 물어볼 수 있을 정도의 목소리를 되찾았다. "저들은 누구지?"

비전이 대답하기 전에 긴 한숨이 앞섰다. 한 가지 그가 감히 바랐던 것은 그저 인간의 피해망상이 현실화되는 것이었다.

"스톤이 내게 경고하려던 건가봐." 그가 할 수 있는 말의 전부였다.

화면에 무언가가 나타나자 그 둘 모두 주목했다. 토니 스타크 행방불명!

비전이 완다의 손을 잡고 입을 맞춘 후 달려가려 했다. "난 가야 해." 그러나 완다는 그를 보내길 거부했다.

"안 돼. 만약 저게 사실이라면, 돌아가는 건 좋은 생각이 아닐 거야." 비전의 추론에 의하면 스톤은 그에게 경고를 하고 있었다. 지금 뉴욕 공격, 스타크의 실종, 외계인 수색… 비전이 돌아간다 해도

hunting...none of that could be good if Vision returned. The best case: he could **gather intel** to report back. Worst case ...

Remaining ever the gentleman, Vision also tried to be **firm** in his resolve. He opened his mouth, hoping to explain that his **connection** to Stark was their best **chance** of finding Iron Man.

Instead, Vision was only able to utter, "Wanda, I—guhhhzz," before his eyes widened in pain.

"Vision!" Wanda's red magical energy surrounded her hands like a crackling **mist** now as she looked in horror at what had become of her love.

A **sharp blade** was piercing his chest and lifting him three feet from the ground, tearing open the android's **abdomen**. Vision's human **appearance** had faded as well, skin turning red, and his clothes shifting to his green and gold caped outfit.

Wanda's eyes narrowed, as if daring to face their opponent. Behind Vision, Corvus Glaive growled.

좋을 게 하나도 없었다. 최상의 경우는 그가 보고할 수 있게 정보를 수집하는 것이다. 최악의 경우는….

언제나 신사로 남기 위해 비전은 이번에도 자신의 결정에 단호해지려고 노력했다. 스타크와 그와의 연결이 아이언맨을 찾을 수 있는 가장 큰 가능성이라는 것을 설명할 수 있길 바라며 그가 입을 열었다.

그러는 대신 비전은 "완다, 난… 아악."이라고 말할 수 밖에 없었다. 곧 그의 눈이 고통에 커졌다.

"비전!" 자신의 사랑이 어떻게 되었는지 경악 속에서 지켜본 완다의 손에 엷은 안개가 갈라지는 것처럼 보이는 붉은 마법 에너지가 둘러쌌다.

날카로운 칼날이 비전의 가슴을 뚫었고 그를 땅에서 3피트(91cm) 들어 올려 그 안드로이드의 복부를 찢었다. 비전의 인간 같던 모습이 서서히 사라지더니 피부가 붉은색으로 바뀌었고, 옷은 초록색과 금색 망토를 걸친 복장이 되었다.

상대를 대담하게 마주하는 것처럼 완다가 눈을 가늘게 떴다. 비전의 뒤에서 콜버스 글레이브가 으르렁거렸다.

The glow from the Scarlet Witch's hands grew more **intense** and redder as she moved her hands to cast a spell. Intending to free Vision from the blade, she lifted her hands, aimed … and fell forward as her body was rocked by a **blast**. Proxima Midnight was standing behind Wanda, holding a staff. Blue energy **arced** across the tips on either end.

Wanda struggled to her feet only to find herself sent flying across the block **courtesy of** Proxima Midnight's energy **bursting** staff.

Vision lay on the ground, **paralyzed** temporarily, with Corvus Glaive and Proxima Midnight standing above him. Corvus Glaive had taken out the blade and was tapping it against the Mind Stone in Vision's forehead. Although the Stone was far more **powerful**, Vision let out a scream, feeling as if the blade was **piercing** his very brain. Corvus **shifted** his **weight**, **replaced** the blade against the Stone, and tried once more to **pry** it **out**.

스칼렛 위치가 주문을 걸기 위해 손을 움직이자 그녀의 손에서 나오는 빛이 더욱 강렬하고 붉어졌다. 비전을 칼에서 빼내기 위해 그녀가 손을 들어 올려 겨냥했는데… 폭발이 일어나 그녀의 몸이 흔들렸고 앞쪽으로 넘어졌다. 프록시마 미드나이트가 완다 뒤에서 창을 들고 서 있었다. 파란 에너지가 한쪽 끝에서 다른 한쪽 끝으로 호를 그렸다.

완다는 일어서려 애를 썼지만, 프록시마 미드나이트의 에너지를 쏘는 창에 의해 한 블록을 가로질러 날아갔다.

비전은 일시적으로 마비되어 바닥에 누워있었고, 콜버스 글레이브와 프록시마 미드나이트가 그의 위에 서 있었다. 콜버스 글레이브가 칼날을 꺼내 비전의 이마에 있는 마인드 스톤을 쳤다. 스톤이 훨씬 더 강력했음에도 비전은 마치 칼날이 자신의 뇌를 뚫는 듯한 느낌에 비명을 질렀다. 콜버스는 체중을 옮겨 칼을 스톤 위에 다시 놓았고, 한 번 더 스톤을 빼내려 했다.

Before Vision could even cry for help, both foes were sent soaring two blocks away. Vision turned his head and saw the Scarlet Witch, fully powered and fully angry, marching toward him.

She checked to see that he was safe, and when he **nodded**, she lifted the much larger man in her arms and flew into the night sky. They landed at a **rail** station. Wanda checked the train schedule but there wasn't time before another train would **depart** from the **tiny** stop.

Vision **grabbed** her arm, his voice filled with **dread**. "The blade. It stopped me from phasing." Usually he could pass through any solid object with a thought.

"Is that even possible?" Wanda's eyes were the size of saucers, **frightened** yet **intrigued** at who and what they were facing.

"It isn't supposed to be-be-b—" Vision **momentarily glitched** as sparks flew from the hole in his chest. His tone softened. "My systems are failing."

비전이 소리를 질러 도움을 요청하기도 전에, 두 적이 솟아올라 두 블록 밖으로 날아갔다. 비전은 고개를 돌려 완전히 힘을 얻은 동시에 매우 화가 난 스칼렛 위치가 자신을 향해 걸어오는 것을 보았다.

그녀는 그가 무사한지 살폈고, 그가 고개를 끄덕이자 자신보다 훨씬 더 큰 비전을 팔로 들어 올려 밤하늘로 날아갔다. 그들은 기차역에 착륙했다. 완다는 기차 시간표를 확인했지만, 다음 기차가 이 작은 정류장을 출발하기까지 시간이 없었다.

비전이 그녀의 팔을 잡았고, 그의 목소리는 두려움으로 가득 차 있었다. "그 칼. 그 칼이 내 페이징 능력*을 막았어." 평상시 그는 어떠한 단단한 물체도 즉시 지나갈 수 있었다

"그게 가능해?" 완다의 눈이 접시 크기만큼 커졌고, 그녀는 겁을 먹었지만 그들이 직면하고 있는 게 누구인지 그리고 무엇인지 궁금해졌다.

"가능하지 않아야 하, 하는데…." 가슴에 있는 구멍에서 불꽃이 튀며 비전이 순간적으로 고장이 났다. 그의 목소리가 약해졌다. "내 시스템이 무너지고 있어."

★ **페이징 능력** : 물체를 투과하는 비전의 초능력

Wanda knew that was as close to a death sentence as possible for Vision. Tears welled in her eyes, but a red hand wiped them away.

Forcing a smile, Vision remembered back to just a half hour earlier. "I'm beginning to think we should have stayed in bed," he chuckled to Wanda. The smile in his eye left quickly and he **shoved** Wanda away just in time. Corvus Glaive pounced onto the exact spot the Scarlet Witch had been **kneeling**. Now instead of a loved one, Vision saw a **creature** that wanted him dead **crouched** above him.

Corvus Glaive grabbed Vision by the neck and sprung high in the air with his **taut** muscular body. The pair came crashing down a few yards away through the glass **ceiling** of the rail station **yard**.

"Vis!" Wanda screamed. She ran into the rail yard and quickly dodged an arc of blue lightning. She had **anticipated** that Proxima Midnight would be there and listened for the familiar **hum**.

완다는 이것이 비전에게 거의 사형선고에 가깝다는 것을 알고 있었다. 눈에 눈물이 고였지만, 그녀는 붉은 손으로 눈물을 닦았다.

억지로 미소를 지으며 비전은 30분 전을 회상했다. "침대에 머물렀어야 했다고 생각하는 중이야." 그가 완다에게 빙그레 웃었다. 그의 눈에서 재빨리 웃음기가 사라졌고 그가 곧바로 완다를 밀쳤다. 스칼렛 위치가 무릎을 꿇고 있던 바로 그 지점을 콜버스 글레이브가 덮쳤다. 비전은 이제 사랑하는 사람 대신 몸을 구부리고 자신이 죽기를 바라는 생명체를 바라보게 되었다.

콜버스 글레이브는 비전의 목덜미를 움켜잡고는 자신의 팽팽한 근육질 몸을 이용해 공중으로 높이 뛰어올랐다. 그 둘은 몇 야드 떨어진 기차역의 유리 천장을 부수며 떨어졌다.

"비전!" 완다가 소리쳤다. 그녀는 역 구내로 뛰어들었고 재빨리 호 모양의 파란 번개를 피했다. 그녀는 프록시마 미드나이트가 그곳에 있을 거라고 예상했고 익숙한 소리에 귀를 기울였다.

Proxima marched toward the smaller woman, her face contorted in rage. Not to be outdone, Wanda sneered back, hands red and ready to fight. Proxima Midnight swung her staff at Wanda, but the woman had been trained by the greatest fighters on Earth. She **bent backwards** at the waist, letting the staff fly over her. As it passed, Wanda **unleashed** a spell that used the staff's **momentum** to carry Proxima Midnight ten yards away.

Wanda turned her attention to Corvus and Vision, the latter heavily injured and barely able to fight. Before she could help him, however, Wanda's distraction cost her—Proxima Midnight's staff struck the Scarlet Witch in the back, causing her to cry out.

Vision heard her cry and turned to see Proxima Midnight ready to **incinerate** Wanda with her staff.

Corvus Glaive growled a **compromise**. "Give us the Stone and she lives."

Letting out a **primal** scream of his own, Vision unleashed a powerful beam of energy that emanated from

프록시마가 그 작은 여자에게 걸어갔고, 그녀의 얼굴이 격렬한 분노로 일그러졌다. 완다 역시 지지 않으려고 비웃음을 보내며 손을 붉게 만들어 싸울 준비를 했다. 프록시마 미드나이트가 창을 완다에게 휘둘렀지만, 완다는 지구에서 가장 위대한 파이터들에게 훈련을 받아왔다. 완다가 허리를 뒤로 꺾어 창이 자신의 위로 날아가게 했다. 창이 날아갈 때 완다는 주문을 걸어 창의 추진력으로 프록시마 미드나이트를 10야드(9m) 떨어진 곳으로 던져버렸다.

완다는 콜버스와 비전에게로 시선을 돌렸고, 심하게 다친 비전이 간신히 싸우고 있었다. 하지만 완다가 비전을 도와주기도 전에, 완다의 방해물이 그녀에게 공격에 대한 대가를 치르게 했다. 프록시마 미드나이트의 창이 스칼렛 위치를 뒤에서 공격했고, 그녀가 비명을 질렀다.

비전은 그녀의 비명을 듣고 고개를 돌려 프록시마 미드나이트가 창으로 완다를 태워버릴 준비를 하는 것을 보았다.

콜버스 글레이브는 으르렁거리며 타협을 제안했다. "우리에게 스톤을 내놓으면 여자는 산다."

비전은 자신이 가진 원시적인 괴성을 내지르며 마인드 스톤에서 강력한 에너지 광선을 내뿜었다.

the Mind Stone. Corvus Glaive had a **millisecond** to block the brunt of the blast with his blade, sending streams of energy flying across **multiple** directions in the rail yard. One beam **reflected** perfectly and hit Vision in the chest, knocking him back.

Her attention on the fight between her 'brother' and Vision, Proxima Midnight failed to see Wanda's hands **recharge** until it was too late. She sent the **villainess** soaring across three sets of tracks before turning her attention to Corvus.

Walking to him, even her eyes had begun to glow.

"Hands off." It wasn't a warning. Corvus Glaive was lifted a dozen feet in the air and sent slamming into the wall across the rail yard.

Sensing they had their opening, Wanda bent over Vision and tried to lift him. "Come on, come on. You gotta get up." But he didn't move. **Undeterred**, Wanda **insisted**. "Hey, we have to go."

콜버스 글레이브는 칼로 발포의 타격을 아주 짧은 순간에 막아내며 에너지 줄기들을 기차역의 여러 방향으로 날려버렸다. 광선 하나가 정확하게 반사되었고 비전의 가슴을 맞혀 충격을 주었다.

프록시마 미드나이트는 자신의 '형제'와 비전의 전투에 주의를 돌리고 있었기에 완다의 손이 재충전 되는 것을 너무 늦게까지 보지 못했다. 완다는 콜버스에게로 관심을 돌리기 전, 그 여자 악당을 세 개의 선로 너머로 던져버렸다.

콜버스에게로 걸어가면서 심지어 그녀의 눈마저 빛나기 시작했다. "손 치워." 그것은 경고가 아니었다. 콜버스 글레이브는 공중으로 12피트(3.5m) 들어 올려져 역을 가로지르며 벽에 부딪혔다.

자신들에게 기회가 왔다는 것을 느낀 완다는 비전에게 몸을 굽혀 그를 들어 올리려 애썼다. "어서, 어서 일어나." 하지만 그는 움직이지 않았다. 완다는 좌절하지 않고 요구했다. "어서, 우린 가야 해."

The slightest smile crossed Vision's lips as he reached up and touched her face. "Please. Please leave me."

He had run the scenarios in his head and knew the **outcomes**. She would not **survive** if they tried to leave. And if she did, his systems would surely fail before they found help.

Wanda didn't care about scenarios, except the one in her heart. Her voice cracked a bit, but she gave vision a firm answer to his earlier question. "You asked me to stay. I'm staying."

Apparently, so were the Children of Thanos. Proxima Midnight and Corvus Glaive each rose and began to walk to the fallen couple, ready to finish the fight for good.

Wanda was ready too when an express train passed through the station. The town was too small for it to stop, but between the cars, Wanda swore she saw…something. Someone? Proxima Midnight followed her look. As the train passed, it was obvious a **figure** stood in the shadows.

비전이 손을 뻗어 그녀의 얼굴을 만질 때 옅은 미소가 그의 입가를 스쳤다. "제발 부탁이야. 나를 두고 가."

그는 머릿속에 있는 시나리오를 떠올려 보았고 결과들을 알고 있었다. 그들이 같이 떠나려고 시도한다면 그녀는 살아남지 못할 것이다. 그리고 그녀가 살아남는다고 해도 그의 시스템은 그들이 도움을 받기 전에 분명히 망가질 것이다.

완다는 마음속에 있는 시나리오를 제외한 다른 시나리오들은 염두에 두지 않았다. 그녀의 목소리는 조금 갈라졌지만, 그녀는 비전이 이전에 물었던 질문에 대한 확고한 대답을 주었다. "당신이 같이 있자고 했잖아. 여기 있을래."

보아하니 타노스 자식들도 그랬다. 싸움을 완전히 끝낼 준비가 된 프록시마 미드나이트와 콜버스 글레이브가 자리에서 일어나 쓰러져 있는 두 사람에게 걸어가기 시작했다.

완다 역시 급행열차가 역을 지나갈 때 준비를 마쳤다. 그 마을은 너무 작아 급행열차가 멈추지 않았지만, 완다는 객차들 사이로 자신이 무언가를… 누군가를 봤다고 확신했다. 프록시마 미드나이트가 그녀의 시선을 따라갔다. 기차가 지나가자, 그것은 어둠 속에 서 있는 사람의 형체임이 확실해졌다.

Proxima threw her spear at the figure. The man caught it and stepped into view. Hair **mussed** slightly, a **blonde beard**, and a black **tactical** suit with a familiar star pattern **sewn** onto the chest made Wanda **audibly** sigh in relief. Steve Rogers had arrived.

He lunged and **somersaulted** in the air, kicking Proxima Midnight in the chest and hitting her neck with her own staff.

Corvus moved to **intervene** but was forced to duck quickly out of the way as Sam Wilson, also known as the Falcon, flew in, feet first and guns **blazing**. Sam fired two missiles at the slender child of Thanos, but Corvus spun his spear and managed to block them both, sending one back toward Falcon, who had to fly to the side to avoid it. The other exploded against a wall, briefly back-lighting a woman in black with platinum blonde hair. She was running **directly** at Corvus Glaive.

His foe downed, Steve Rogers threw Proxima's staff in the air to the running woman's **outreached** hand, calling

프록시마가 그 사람을 향해 창을 던졌다. 그 남자가 그 창을 잡았고 시야에 들어섰다. 약간 흐트러진 머리, 금발 수염, 가슴에 친근한 별 무늬가 새겨진 검은색 전투복은 완다로 하여금 안도의 한숨을 쉬게 했다. 스티브 로저스가 온 것이다.

그가 달려들어 공중에서 공중돌기를 하며 프록시마 미드나이트의 가슴을 걷어찼고 그녀의 창으로 목을 쳤다.

콜버스가 끼어들려고 움직였지만, 팔콘이라고 불리는 샘 윌슨이 처음에는 발차기로 그런 뒤 총을 쏘며 날아들었기에 콜버스는 길 밖으로 재빨리 피해야 했다. 샘은 두 발의 미사일을 타노스의 호리호리한 자식에게 발사했지만, 콜버스는 창을 돌려 간신히 미사일 두 발을 모두 막아냈고, 미사일 하나는 팔콘을 향해 돌려보냈기에 팔콘은 피하기 위해 옆쪽으로 날아야 했다. 다른 미사일 하나가 벽에 부딪혀 폭발하며 검은색 옷을 입은 백금색 머리의 여자에게 잠깐 역광을 비췄다. 그녀가 콜버스 글레이브에게로 곧장 달려가고 있었다.

적이 쓰러지자 스티브 로저스는 달리는 여자의 뻗은 손을 향해 프록시마의 창을 던지며 그녀의 이름을 불렀다.

her name as he did so. It was Black Widow! Natasha caught it without stopping and swung. The staff and Corvus' blade **sparked** as they clashed together.

The two **sparred** staff **versus** spear for a few moments. Having never faced her before, Corvus didn't realize until it was too late that Black Widow was **merely** testing him to find his weak spot.

With no warning, Natasha twisted quickly, dropping to a crouched position, and **jammed** Proxima's staff deep into Corvus's side. Corvus let out a howl as Natasha drove it in deeper, **tilting** it to hit major **organs** and muscles. She wanted to **ensure** that he wouldn't **reenter** the fight.

She wasn't the only one.

Feeling the staff shake in her hand, Black Widow let go quickly, just in time for it to fly through the air, **summoned** by Proxima Midnight, who had silently made her way near them.

"Get up," came Proxima's deep **rumbling** voice.

Corvus answered **weakly**. "I can't."

그녀는 블랙 위도우였다! 나타샤는 멈추지 않고 그 창을 잡아 휘둘렀다. 창과 콜버스의 칼이 서로 부딪히자 불꽃이 튀었다.

둘은 창과 칼로 한동안 치고받았다. 그녀를 한 번도 만나 본 적 없는 콜버스는 블랙 위도우가 자신의 약점을 찾기 위해 단지 시험해 보고 있었다는 것을 너무 늦게 알아차렸다.

아무 경고 없이 나타샤는 재빨리 몸을 돌려 웅크린 자세로 뛰어내렸고, 프록시마의 창을 콜버스의 옆구리로 깊이 밀어 넣었다. 나타샤가 창을 더 깊이 밀어 넣어 주요 장기들과 근육을 찌르도록 창을 젖히자 콜버스가 울부짖었다. 그녀는 콜버스가 싸움에 다시 가담할 수 없도록 확실히 하고 싶었다.

그녀만이 유일한 사람이 아니었다.

창이 손에서 흔들리는 것을 느낀 블랙 위도우가 재빨리 창을 놓았고, 조용히 그들 곁으로 다가온 프록시마 미드나이트의 부름을 받은 창이 때맞춰 공기를 가르며 날아갔다.

"일어나." 프록시마가 낮고 울리는 목소리로 말했다.

콜버스는 약한 목소리로 대답했다. "못 일어나겠어."

Backing slightly away as she pulled out two **batons** from the mounts on her back, Black Widow addressed the pair. "We don't want to kill you."

In a blazing fast move, Proxima blasted Black Widow back just as the glow from a tractor beam surrounded the Children of Thanos.

"You'll never get the chance again." Her voice seemed to echo. In a blue blaze, they **vanished**.

Wanda had moved to Vision's side and gave Steve a quick **hug** as he **approached**. Together with Falcon, the three helped Vision stand.

Almost embarrassed, Vision faced Steve as they **hobbled** out. "Thank you, Captain."

Steve flashed his **pearly** smile. "Let's get you on the jet."

Moments later, Steve, Falcon, Black Widow, Scarlet Witch and Vision—all outlaws thanks to the Sokovia Accords (and Vision's defection as of that very night)—were aboard a Quinjet, **taking off** from the Scottish **village**

뒤로 살짝 물러나며 등 뒤에 장착된 두 개의 봉을 꺼낸 블랙 위도우가 그 둘에게 말했다. "너희를 죽이고 싶진 않은데."

트랙터 빔으로부터 나온 빛이 타노스의 자식들을 감쌀 때 맹렬히 빠른 움직임으로 프록시마가 블랙 위도우에게 폭격을 가했다.

"다신 기회가 없을 거다." 그녀의 목소리가 메아리치는 것 같았다. 파란 불빛 속으로 그들이 사라졌다.

완다가 비전 옆으로 갔고, 스티브가 다가오자 그에게 짧은 포옹을 했다. 팔콘과 함께 셋은 비전이 일어서도록 도왔다.

그들이 절뚝거리며 나갈 때 비전은 캡틴을 마주했고 당황스러웠다. "고마워요, 캡틴."

스티브는 진주 같은 미소를 보였다. "제트기에 타."

잠시 후 소코비아 협정 (그리고 바로 그 전날 밤 비전의 임무 불이행) 때문에 범법자가 된 스티브와 팔콘, 블랙 위도우, 스칼렛 위치 그리고 비전 모두 퀸젯에 탑승했고, 완다와 비전이 영원히 머무르기로 맹세했던 스코틀랜드 마을을 떠났다.

Wanda and Vision had **declared** they would stay in together **for good**.

In the co-pilot's seat, Sam Wilson turned to Steve and asked, "Where to, Cap?"

Steve looked at Vision and Scarlet Witch. They had grown so much over the past two years. **Individually** and together. But they had no idea what he knew that was coming for them. Or how much everyone in that Quinjet would need each other. His **decision** was an easy one to make. "Home."

부조종석에서 샘 윌슨은 스티브에게 고개를 돌려 물었다. “어디로 갈까, 캡?”

스티브는 비전과 스칼렛 위치를 바라보았다. 그들은 지난 2년간 아주 많이 성장했다. 개별적으로도, 둘이 함께로도. 그러나 그들은 그들에게 무슨 일이 다가오고 있는지는 전혀 알지 못했다. 또한 퀸젯에 있는 모두가 서로를 얼마나 필요로 할 것인지를 말이다. 그의 결정은 쉬웠다. “집으로.”

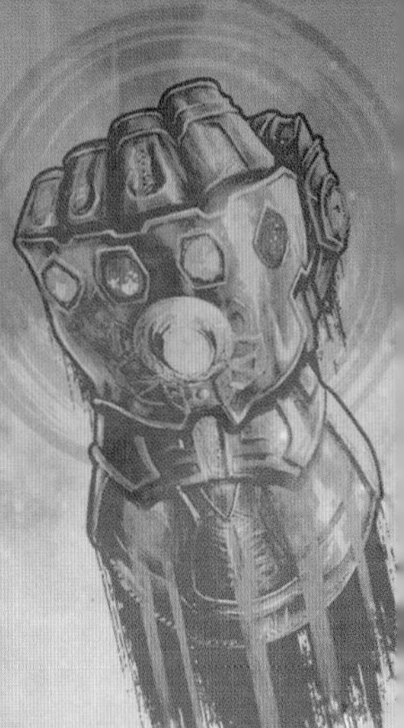

MARVEL
AVENGERS
INFINITY WAR

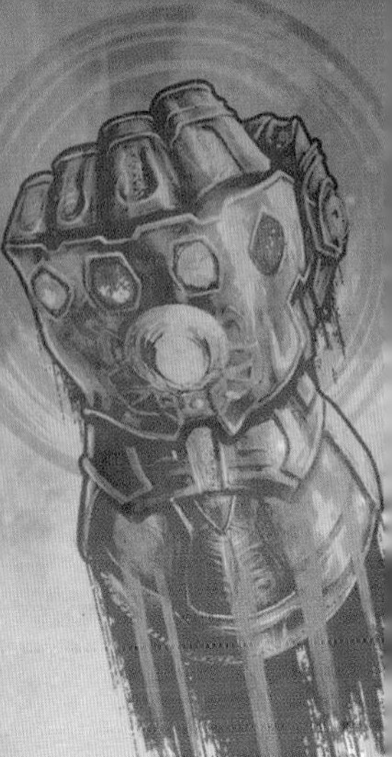

MARVEL
AVENGERS
INFINITY WAR

CHAPTER 6

워크북 p49

"SHHH," a mother said, gently covering her **whimpering** child's mouth. "We'll be safe. We'll be safe."

The Zehobereian woman **brushed** her daughter's **scarlet** hair back from her emerald green forehead. This was a special child. **Surely** the **invaders** visible through the **wooden slats** of the **hut** in which they hid would

노웨어로 향하는 우주선 안에서 자신의 어린 시절을 회상하던 가모라는 퀼에게 한 가지 부탁을 합니다. 한편 노웨어에 도착한 타노스는 스톤을 찾기 위해 컬렉터를 협박하고, 노웨어를 불태웁니다.

“쉿.” 엄마가 훌쩍거리는 아이 입을 부드럽게 막았다. “우린 무사할 거야. 우린 무사할 거야.”

제호베레이인 여인은 딸의 다홍색 머리카락을 에메랄드빛 녹색 이마에서 빗어 넘겼다. 이 아이는 특별한 아이였다. 그들이 숨어있는 오두막의 나무판자를 통해 보이는 침략군들은 분명히 그러한 점을 알아보고 그들을 살려줄 것이다.

recognize that and **spare** them.

Outside, the **screams** of the Zehobereians grew louder as blaster fire cut short life after life by **ruthless** soldiers who served the **feared** Thanos. The girl's mother never imagined the Titan would **target** her **peaceful** planet, as so many others had been, to the point where his name even whispered on the wind caused a bone-chilling fear.

With a massive **crash**, the **shed** doors **splintered inward** from a **soldier**'s heavy kick. The young girl screamed as she was **ripped** from her mother's arms. The Zehobereian people were divided into two groups with a wide **path** between them. **Ringed** ships **hovered** above. An insectoid **army** pushed and shoved, **forcibly** keeping the two groups apart. The young girl was carried to the opposite side of where her mother stood, the older woman **weeping** for a life she'd never know her child to have, but tears of joy as well, knowing her daughter would live.

"Zehobereians," spoke the **melodic** voice of Ebony Maw as he strolled down the path that divided the

밖에서는 두려운 존재인 타노스를 섬기는 무자비한 군인들이 우주총을 발사해 한 명 한 명의 삶을 끝내자 제호베레이인들의 비명소리가 커졌다. 여자아이의 엄마 역시 다른 많은 사람들이 그랬던 것처럼, 타이탄이 그녀의 평화로운 행성을 바람결에 들리는 그의 이름 만으로도 뼈가 시릴 정도로 두려워지는 곳으로 삼을 거라곤 상상도 하지 못했다.

군인의 거친 발길질로 헛간 문이 엄청난 굉음을 내며 안쪽으로 쪼개졌다. 어린 여자아이가 엄마의 품에서 거칠게 떼내어지자 아이가 소리를 질렀다. 제호베레이인들은 그들 사이에 넓은 길을 두고 두 집단으로 나뉘었다. 고리 모양의 우주선이 위에서 맴돌았다. 곤충처럼 생긴 군대는 두 집단을 멀리 떨어뜨리려고 강제로 밀치고 떠밀었다. 여자아이는 어머니가 서 있는 쪽의 반대편으로 옮겨졌고, 늙은 여인은 자신이 절대 알지 못할, 딸이 갖게 될 삶에 눈물을 흘렸지만, 한편으로는 딸이 살아남을 것을 알았기에 기쁨의 눈물 또한 흘렸다.

"제호베레이인들이여." 에보니 모가 인구를 반으로 나눈 길을 걸으며 리듬감 있는 목소리로 말했다.

population in halves. "**Choose** a side. One side is a **revelation**, the other an **honor** known only to a few."

The daughter ran up and down the sides, searching. "Where's my mother?" she demanded, **courageous** even in the face of **potential** death. She ran past a guard, **deftly** dodging him, and directly to the man she knew was **responsible**. The man who wore the helmet and armor of a **commander**. The man whose lavender-hues **skin** was **tougher** than most animals she'd ever seen **hunted**.

Thanos bent down. "What's wrong, little one?"

The girl put her fists on her hips and **dared** to glare at Thanos. "My mother. Where's my mother?"

"What's your name?" Thanos tried to **stifle** an **impressed** smile.

"Gamora," the girl challenged.

Thanos nodded his head, standing. "You're quite the **fighter**, Gamora. Come. Let me help you."

He held out his hand and her tiny fingers **wrapped** around the giant's index finger. The two walked away from

"한쪽을 선택하라. 한쪽은 신의 계시를, 다른 한쪽은 극소수만이 아는 영광을 누릴 것이다."

딸아이는 이쪽저쪽을 뛰어다니며 찾았다. "우리 엄마는 어디에 있어요?" 그녀는 죽음의 가능성을 마주하고도 용기 있게 물었다. 아이는 재빠르게 보초병을 피해 지나갔고, 책임자라고 생각하는 남자에게 곧장 달려갔다. 그 남자는 지휘관의 투구와 갑옷을 입고 있었다. 그 남자의 연보랏빛 피부는 소녀가 본 대부분의 사냥 당한 동물들보다도 더 거칠었다.

타노스가 허리를 굽혔다. "무슨 일이니, 꼬마야."

소녀는 두 주먹을 엉덩이에 대고 타노스를 노려보았다. "우리 엄마요. 우리 엄마는 어디에 있죠?"

"네 이름이 뭐니?" 타노스는 감명을 받아 나오는 미소를 억누르려 애썼다.

"가모라요." 여자아이가 도전적으로 말했다.

타노스는 고개를 끄덕이며 서 있었다. "넌 상당한 전사의 기질을 가졌구나, 가모라. 이리로 오렴. 내가 널 도와주마."

타노스가 손을 내밀었고 아이의 작은 손가락이 거인의 검지 손가락 주위를 감쌌다. 두 사람은 갈라진 군중들을 떠나 타노스가 앉

the parted crowds to an **open-air** hut, where Thanos sat.

Thanos placed a hilt on the tip of his finger and showed it to Gamora. "Look. Pretty, isn't it?" Gamora **shrugged**. Thanos touched a button and **twin** blades extended from either side. At that, Gamora's eyes **widened**.

"**Perfectly** balanced, as things should be," Thanos **instructed**. "Too much to one side or the other …" As he spoke, he let the blade **wobble**, nearly falling, before centering it once again. He held it out to his new protégé. "Here, you try." Gamora reached for the blade, which looked much larger **poised** on her tiny hand.

Behind them Ebony Maw had finished his **march** between the Zehobereians, having **successfully divided** them into two **equal** groups.

"Now," Maw **proclaimed**, "go in peace to meet your maker."

From one side of the Zehobereians, Thanos' soldiers stepped forward and opened fire. Both sides screamed. Just as Gamora was about to turn her head, Thanos directed

아 있던 야외 오두막으로 걸어갔다.

타노스는 자신의 손가락 끝에 칼자루를 올려 가모라에게 보여주었다. "보렴. 예쁘지 않니?" 가모라는 어깨를 으쓱했다. 타노스가 버튼을 누르자 똑같이 생긴 두 개의 날이 양쪽에서 뻗어 나왔다. 그것을 본 가모라의 눈이 커졌다.

"완벽히 균형이 잡혔지. 모든 것이 그래야 하듯." 타노스가 가르치듯 말했다. "너무 한쪽으로 쏠리거나 다른 쪽으로 쏠리면…." 그는 말하면서 칼날을 흔들어 거의 쓰러지게 한 다음, 다시 한번 중심을 잡았다. 타노스는 그 칼을 자신의 새로운 제자에게 내밀었다. "자, 해 보렴." 가모라는 칼을 잡으려 손을 내밀었고, 그 칼은 아슬아슬하게 균형을 잡고 있는 그녀의 작은 손 위에서 훨씬 더 커 보였다.

그들 뒤에서 에보니 모는 제호베레이인들을 동일한 두 무리로 성공적으로 분리한 뒤, 그들 사이로 행진을 마쳤다.

"이제" 모가 선언했다. "너희들의 조물주를 만나러 편안히 가거라."

제호베레이인들이 있는 한쪽으로 타노스의 군인들이 앞으로 나아가 총격을 가했다. 양쪽에서 비명을 질렀다. 가모라가 고개를 돌리려 하자, 타노스가 그녀의 관심을 검으로 다시 향하게 했다.

her attention back to the blade. He knew which side her mother was on and wanted to spare Gamora the sight.

"Concentrate," he said, as she started to gain **control** of the blade, the hilt in the center of her finger, neither blade moving. Thanos smiled. "There. You've got it."

And with that, Thanos knew he had a new daughter as well. One who would grow up to be his most **precious** child of all.

Staring out as the *Milano* approached Knowhere, Gamora's thoughts were interrupted by the familiar **footsteps** of Peter Quill. Star-Lord was **outfitted** with extra weapons for the attack on Thanos. Lifting a belt of **grenades**, he was about to question her when she held up her hand.

"I need to ask a **favor**."

"Yeah, sure," Quill shrugged.

Gamora **sighed** as though the weight of the **universe** rested on her. "One way or another, the path we're on leads to Thanos."

그는 어느 쪽에 그녀의 엄마가 있는지 알고 있었고 가모라가 보지 않았으면 했다.

"집중해야지." 그가 말했다. 그녀가 검을 다스리기 시작하자 손가락 중앙에 있는 칼자루는 어떤 날 쪽으로도 움직이지 않았다. 타노스가 미소를 지었다. "그렇지. 잘했다."

타노스는 자신에게 새로운 딸이 생겼다는 것을 알았다. 모든 아이들 중에서 자신의 가장 소중한 아이로 자랄 아이였다.

가모라는 밀라노가 노웨어로 접근하는 것을 바라보고 있었고, 그녀의 회상은 피터 퀼의 익숙한 발소리에 의해 중단되었다. 스타 로드는 타노스를 공격하기 위해 여분의 무기를 갖추고 있었다. 수류탄 허리띠를 들어 올리며 그가 그녀에게 질문하려던 차에 그녀가 손을 들어 올렸다.

"부탁이 있어."

"그래." 퀼이 어깨를 으쓱했다.

가모라는 마치 우주의 무게가 자신에게 얹혀 있는 것처럼 한숨을 쉬었다. "어디로 가든 우리가 가는 길은 타노스에게로 이어질 거야."

Quill thought that was **obvious**. "What's the favor?"

Slowly walking toward Quill, Gamora chose her words **carefully**. "If things go wrong… If Thanos gets me," she **gulped**. "I want you to **promise** me…" Her voice **softened** to a horse whisper, as though she'd been crying, dreading these next words.

"You'll kill me."

Quill **staggered** back, **astounded**. "What?!"

Reaching out her hands, she grabbed his arms and took a deep breath. "I know something he doesn't. And if he finds it out, the entire universe could be at risk."

"What do you know?" Her **request** was still **echoing** in the *Milano*… and Quill's head.

"If I tell you, you'd die too." Gamora was **matter-of-fact**.

"Why does somebody always have to die in this **scenario**?" protested Quill.

Gamora put a hand to Peter's face. "Just trust me. And… possibly kill me," she said, **swallowing**.

퀼은 그것이 당연하다고 생각했다. "부탁이 뭔데?"

퀼에게로 천천히 걸어가며 가모라는 단어를 신중히 골랐다. "일이 틀어져서… 타노스가 날 잡으면." 그녀가 숨을 깊게 들이마셨다. "네가 약속해줬으면 좋겠어…." 그녀는 다음에 할 말이 두려워 울고 있었던 것처럼, 목소리가 말을 조련하는 속삭임같이 부드러워졌다.

"날 죽여 줘."

퀼은 충격을 받아 비틀거리며 뒷걸음질 쳤다. "뭐라고?!"

그녀가 손을 뻗어 그의 팔을 잡고 깊은 한숨을 내쉬었다. "나만 아는 게 있어. 그리고 그가 그걸 알게 된다면 온 우주가 위험에 처할 거야."

"네가 뭘 아는데?" 그녀의 부탁은 여전히 밀라노에서… 그리고 퀼의 머릿속에서 메아리치고 있었다.

"내가 너에게 말하면, 너도 죽을 거야." 가모라가 건조하게 말했다.

"이 시나리오에서는 왜 누군가가 꼭 죽어야 하는 거야?" 퀼이 반대했다.

가모라는 피터의 얼굴에 손을 가져다 댔다. "그냥 날 믿어줘. 그리고… 나를 죽여줘." 그녀가 침을 삼키며 말했다.

Peter looked like he wasn't taking it as **seriously** as was needed. "**Swear** to me on your mother," Gamora said, hitting him in the one place he'd be forced to keep his word.

"Okay," he **groused**.

Quill looked her in the eye and kissed her. Gamora made a **silent** wish that this would not be their last kiss.

Knowhere held no one, it seemed. Quill had **noted** it was **abandoned** when the *Milano* first **glided** into the **mining colony**. The people had fled, leaving everything behind.

Worse, it seemed so had The Collector, the last known keeper of the Reality Stone.

The Guardians **crept** through the **ransacked** museum of **oddities** and riches gathered **throughout** the ages and placed on **display** there. They came to a sudden stop when they heard the low grumbling voice of Thanos ordering Tanleer Tivian, the Collector, to **surrender** the Stone.

피터는 가모라가 원하는 만큼 심각하게 받아들이지 않는 것 같았다. "네 어머니를 걸고 나에게 맹세해 줘." 그가 약속을 지킬 수밖에 없는 한 부분을 건드리며 가모라가 말했다.

"알았어." 그가 투덜대듯 말했다.

그녀의 눈을 바라보며 퀼이 그녀에게 입을 맞췄다. 가모라는 이것이 그들의 마지막 키스가 되지 않게 해달라는 소원을 조용히 빌었다.

노웨어에는 아무도 없는 것처럼 보였다. 밀라노가 처음으로 광산촌 안으로 활공할 때 퀼은 노웨어가 버려졌다는 것을 알아챘다. 사람들은 모든 것을 뒤로하고 도망갔다.

심지어 리얼리티 스톤의 마지막 키퍼로 알려진 컬렉터도 도망간 듯 했다.

가디언즈들은 그곳에 진열된, 시대를 걸쳐 수집된 희귀품과 귀중품을 약탈한 박물관 사이로 살금살금 움직였다. 그들은 컬렉터 타넬리아 티반에게 스톤을 포기하라고 명령하고 있는 타노스의 불평스러운 낮은 목소리를 듣고는 갑자기 멈춰 섰다.

Aiming to **avenge** his wife and child, Drax **nearly** blew their plans by readying to go into battle solo, but Mantis placed her hand on him and to him "Sleep," and the large man fell like a stone.

Thanos **threw** the Collector in one of his own display cases and appeared ready to **give up** the **search**. This was their chance as Quill tried to **regroup** his team.

"Okay," he hissed. "Gamora, Mantis, you go right..." Gamora began to charge in from the left, swords raised, leaping to get higher ground. Quill pushed a button causing his mask to form over his face, and sighed. "The *other* right."

Gamora caught her "father" **by surprise**, but the large Titan barely **swatted** away one of the blades before she could deliver a killing blow. Another strike, another **deflection**. Father and daughter were grunting with every **parry** and **jab**, only **focused on** the battle at hand. A battle that could save the Universe, or destroy it.

아내와 아이의 복수가 목표인 드랙스가 홀로 전투에 나갈 준비를 하는 바람에 그들의 계획을 거의 망칠 뻔했지만, 맨티스가 그에게 손을 대고는 "잠들어요."라고 말해서 그 큰 남자가 돌처럼 쓰러졌다.

타노스는 컬렉터가 소유한 진열장 중 하나로 그를 던졌고 수색을 포기하려는 것 같았다. 퀼이 전열을 가다듬으려 했기에 이것은 그들의 기회였다.

"좋아." 그가 낮게 말했다. "가모라, 맨티스, 오른쪽으로 가…."

가모라가 왼쪽에서 돌진하기 시작했고, 검을 들어 올린 뒤 땅에서 아주 높이 뛰어올랐다. 퀼은 버튼을 눌러 얼굴 위로 마스크가 만들어지게 하고는 한숨을 쉬었다. "다른 오른쪽 말이야."

가모라가 기습적으로 자신의 '아버지'를 잡았지만, 그 거대한 타이탄은 그녀가 치명타를 입히기 전에 가까스로 검의 날 하나를 쳐냈다. 그다음 공격, 그다음 방어가 이어졌다. 아버지와 딸은 피하고 찌를 때마다 으르렁거리며 오직 그들이 당면한 그 싸움에만 열중했다. 우주를 구할 수도, 파괴할 수도 있는 싸움이었다.

As Gamora swung a blade at Thanos' head, the person she once called "father" caught the sword between his hands and snapped it in half. Not stopping, Gamora **angled** her body and **thrust**, the sword finding its mark. She **plunged** it into Thanos' neck.

The foe's eyes widened in **shock**, grabbing the blade to pull it free, but Gamora had one last **trick** in store.

From her boot, Gamora revealed the perfectly **balanced hilt**: the first gift Thanos ever gave her. She **popped** both blades out and let it dance **briefly** on her finger before.... *thunk!* She plunged the balanced blade into Thanos' chest, restoring order to the Universe.

"Why?" Thanos croaked. "Why you, daughter?"

Gamora couldn't meet his **betrayed** look.

Thanos had pulled the blade from his neck but couldn't stop the life from flowing out. He grew weaker and weaker before kneeling in front of Gamora. His arm, then the rest of his body grew limp and he **collapsed** in front of her.

가모라가 타노스의 머리에 칼을 휘두르자, 그녀가 한때 '아버지'라고 부른 그자는 두 손 사이로 칼을 잡아 반으로 부러뜨렸다. 가모라는 멈추지 않고 몸을 비스듬히 기울여 칼을 찔렀고, 그녀의 칼이 표적을 찾았다. 그녀가 타노스의 목에 칼을 찔러 넣었다.

적의 눈이 충격으로 커졌고, 칼을 잡아서 뽑아 없앴지만, 가모라에게는 마지막 묘책이 준비되어 있었다.

가모라가 자신의 부츠에서 완벽하게 균형이 잡힌 칼자루를 꺼냈다. 타노스가 그녀에게 준 첫 번째이자 마지막 선물이었다. 그녀가 두 개의 칼날을 튀어나오게 해 손가락 위에서 잠시 춤추듯 움직이고는… 푹! 그녀는 우주의 질서를 회복하기 위해 그 균형 잡힌 칼을 타노스의 가슴에 찔러 넣었다.

"왜지?" 타노스가 목이 쉰 듯한 목소리로 말했다. "왜 하필 너냐, 딸아?" 가모라는 배신감에 찬 그의 표정을 마주할 수 없었다.

타노스는 자신의 목에서 칼날을 뽑았지만, 생명이 흘러나오는 것을 멈출 수는 없었다. 그는 점점 힘을 잃었고 가모라 앞에 무릎을 꿇었다. 그의 팔 그리고 나머지 몸이 점점 축 처지며 그녀 앞에 쓰러졌다.

Gamora **jolted** as Thanos fell to the ground. [1]She was reaching out to touch him, to see if this was truly over, when a sound made her blood run cold.

"Is that **sadness** I **sense** in you, daughter?"

Gamora looked down, but Thanos' body was **disappearing**. His voice, however, echoed through all of Knowhere. Quill raised his blaster and Mantis woke Drax.

"In my heart, I knew you still cared. But no one really knows **for sure**."

Around them, Knowhere changed. The Collector collapsed in the case he was held in, now a beaten **mess**. Jars were shattered, **priceless artifacts** smashed. Worse, everything was in **flames**.

All of Knowhere **burned** around them, destroyed by Thanos' army.

The **madman's** voice growled once more. "**Reality** is often **disappointing**."

A slight **gust** of wind sucked past them as a **slice** of the world opened a **void** in the **fabric** of reality itself.

타노스가 땅에 쓰러지자 가모라는 가슴이 철렁했다. 그 소리가 그녀의 간담을 서늘하게 했을 때, 그녀는 진짜로 끝난 것인지 확인하기 위해 그를 만지려 손을 뻗었다.

"내가 너에게서 느끼는 게 슬픔이냐, 딸아?"

가모라가 아래를 내려다보자 타노스의 몸이 사라지고 있었다. 하지만 그의 목소리는 노웨어 전체에 울려 퍼졌다. 퀼이 우주총을 들어 올렸고 맨티스는 드랙스를 깨웠다.

"마음속으로는 네가 여전히 신경 쓰고 있었다는 걸 알고 있었다. 하지만 아무도 확실히 알진 못했지."

그들 주변의 노웨어가 바뀌었다. 컬렉터는 그가 잡혀 있던, 지금은 부서져 엉망진창인 진열장에서 쓰러졌다. 항아리들은 산산조각이 났고 값비싼 유물들도 부서졌다. 더 심각한 것은 모든 것이 불길에 휩싸였다는 것이다.

그들을 둘러싼, 타노스의 군대에 파괴된 노웨어 전체가 불타고 있었다.

그 미친 남자의 목소리는 한 번 더 으르렁거렸다. "현실은 종종 실망스럽지."

현실의 구조 안 그 세계의 한 부분에 빈 공간이 열렸을 때, 작은 돌풍이 그들을 지나가며 빨아들였다.

Thanos, holding up the Infinity Gauntlet, revealed the three Stones now in his possession, including the glowing red Reality Stone.

"That is, it was." He grinned **wickedly**. "Now, reality can be whatever I want it to be."

As the **actuality** of their **surroundings** fully revealed themselves to the Guardians, Gamora **paled**. "You knew I'd come."

"I counted on it," he said **plainly**. "There's something we need to **discuss**, little one."

Drax, his **mortal enemy** and killer of his family in sight, roared at the Titan. "Thanos!"

As he **lunged** forward, both knives high in the air, Drax began to change. Lit by the glow of the Reality Stone on the Infinity Gauntlet, Drax's body was spotlit as it began to cube and fall apart like clay building blocks.

Gamora saw Thanos turn to Mantis, a **wicked** smile on his face. "No!"

But she was too late. Mantis' body **unspooled** like

인피니티 건틀렛을 든 타노스는 빛나는 붉은색 리얼리티 스톤을 포함하여 현재 그가 가지고 있는 세 개의 스톤을 드러냈다.

"다시 말하자면, 그랬었지." 그가 사악하게 웃었다. "이제부터는 현실을 내가 원하는 어떤 모습으로든 만들 수 있다."

그들 주변의 현실이 가디언즈에게 완전히 모습을 드러내자 가모라는 창백해졌다. "내가 올 걸 알고 있었군."

"확신했지." 그가 숨김없이 말했다. "우리가 의논해야 할 게 있다, 딸아."

드랙스는 철천지원수이자 가족을 죽인 살인자를 눈으로 보고는 그 타이탄을 향해 고함을 질렀다. "타노스!"

공중에서 칼 두 개를 높이 들고 앞으로 달려가던 드랙스가 변하기 시작했다. 인피니티 건틀렛에 있는 리얼리티 스톤의 불빛이 드랙스의 몸에 비춰지자, 드랙스의 몸이 정육면체로 잘리면서 건축용 점토 블록처럼 떨어졌다.

가모라는 타노스가 사악한 미소를 지으며 맨티스에게로 돌아서는 것을 보았다. "안 돼!"

하지만 너무 늦었다. 맨티스의 몸이 리본처럼 풀어져 비틀리고

ribbons, twisting and **springing** around.

Thanos gripped his daughter and pulled her in **tightly**. No tricks this time.

"You let her go!" bellowed Quill, blaster raised.

"Ah, the boyfriend." Thanos sounded **underwhelmed**.

Peter's eyes were **aflame** with rage. "Let. Her. Go." He spat out every word.

"Peter."

"I'm gonna blast that—" But Quill was interrupted by Gamora, once again **calmly** calling his name.

"Not him." She was in tears. "You promised."

Quill looked at the love of his life as she **choked out** her **plea** once more. "You promised."

"Do it!" Thanos **egged** him **on**.

Peter's voice cracked. There was no other way and he knew it. "I told you to go right…"

"I love you more than anything." Looking directly in Peter Quill's eyes, Gamora said the words for the first time, and probably the last.

주변으로 튀어 올랐다.

타노스는 자신의 딸을 꽉 잡아 끌어당겼다. 이번엔 다른 수가 없었다.

"그녀를 놔 줘!" 퀼이 고함치며 우주총을 들어 올렸다.

"아하, 남자친구로군." 타노스가 실망한 목소리로 말했다.

피터의 눈이 분노로 불타올랐다. "그녀를. 놔. 줘." 그가 한 단어씩 내뱉었다.

"피터."

"내가 날려 버릴 거야. 저…." 그러나 퀼은 다시 한번 침착하게 자신의 이름을 부르는 가모라에게 가로막혔다.

"그 말고." 그녀가 눈물을 흘렸다. "약속했잖아."

그녀가 목이 메어 간신히 한 번 더 애원하자 퀼은 자신의 일생의 사랑을 바라보았다. "약속했잖아."

"쏴!" 타노스가 그를 부추겼다.

피터의 목소리가 갈라졌다. 다른 방법이 없었고 그도 그것을 알고 있었다. "내가 오른쪽으로 가라고 했잖아…."

"세상 무엇보다도 널 사랑해." 가모라는 피터 퀼의 눈을 똑바로 바라보며, 처음으로 그리고 어쩌면 마지막일지도 모르는 말을 했다.

Peter didn't **hesitate**. "I love you too."

The pair closed their eyes, not wanting to look as they **fulfilled** their **pact**. Gamora braced herself, heard Peter **squeeze** the **trigger**, and exhaled as she felt...

...**bubbles**? Dozens of bubbles rose from the **barrel** of Peter's barrel. The red glow of the Reality Stone made them glimmer like **ethereal** rubies.

"I like him," Thanos chuckled.

Before Peter and Gamora could realize what was happening, a cloud of black smoke **enveloped** Thanos and his **captive** daughter, **teleporting** them far away.

Drax and Mantis began to **regain** their **normal** forms, but Peter, holding Gamora's broken sword, felt in his **gut** that nothing would be normal again.

피터는 망설이지 않았다. “나도 널 사랑해.”

두 사람은 약속을 이행하는 그 상황을 보고 싶지 않아 두 눈을 감았다. 가모라는 마음을 단단히 먹으며 피터가 방아쇠를 당기는 소리를 듣고 숨을 내쉬었는데, 느껴졌다….

…비누방울? 수많은 비누방울이 피터의 총열에서 나왔다. 리얼리티 스톤의 붉은빛이 그 비누방울들을 천상의 루비처럼 빛나게 만들었다.

“그가 맘에 드는군.” 타노스가 웃었다.

무슨 일이 일어난 건지 피터와 가모라가 깨닫기도 전에, 검은 연기로 된 구름이 타노스와 포로가 된 딸을 뒤덮었고, 그들을 먼 곳으로 순간 이동시켰다.

드랙스와 맨티스는 정상적인 형태로 돌아오기 시작했지만, 가모라의 부서진 검을 붙잡은 피터는 아무것도 정상으로 돌아오지 못하리란 것을 직감적으로 느꼈다.

MARVEL
AVENGERS
INFINITY WAR

MARVEL
AVENGERS
INFINITY WAR

CHAPTER 7

워크북 p56

IN THE AVENGERS HEADQUARTERS, emotions were **running high**. Tony Stark was missing and **presumed off-world**, and now **Secretary of State** Ross had ordered James Rhodes—War Machine—to **arrest** Steve Rogers on counts of **treason**, which Rhodey **declined** and earned a **court martial**.

어벤져스는 타노스가 노리는 비전의 마인드 스톤에 대해 의논합니다. 비전은 모두를 살리기 위해 자신을 희생하려 하지만, 어벤져스가 그 의견을 반대합니다. 한편, 닥터 스트레인지는 우주선에서 에보니 모에게 고문을 당하며 스톤을 빼앗길 위험에 처합니다.

어벤져스 본부에서는 감정이 고조되었다. 토니 스타크는 실종되었고 지구를 벗어난 것으로 추정되며, 로스 국무장관은 워머신 제임스 로즈에게 스티브 로저스를 반역 혐의로 체포할 것을 명령했지만, 로디가 그것을 거절해 군사 재판을 받았다.

And that was just **within** the first ten minutes of Cap's team arriving. It was **shaping up** to be a day none would **forget**.

❶ "It's great to see you, Cap," Rhodey said, **gingerly** making his way to Steve, walking with **bracers** that kept his legs **operating**—another **casualty** of the Civil War, as people called it.

"You too, Rhodey," Steve said, trying to hide his **guilt** behind a **genuine** smile of **gratitude** toward his friend.

Rhodes stepped back, looking at Cap, Black Widow, Falcon, Wanda, and Vision, all still fresh from their fight with Proxima Midnight and Corvus Glaive in Scotland. "Wow. You guys really look like crap." The time and **distance** he had spent apart from his former teammates began to **sink in**. "Must've been a **rough** couple . . . years."

"I think you look great," came a familiar voice entering the **lab**. Bruce Banner gave a weak smile and a shrug as his teammates saw him for the first time in years. "Yeah, I'm back."

캡의 팀이 도착하고 10분 이내에 일어난 일이었다. 그 누구도 잊지 못할 하루가 되어가고 있었다.

"반갑네, 캡." 로디가 다리를 움직이게 하는 교정기로 스티브에게 천천히 걸어가며 말했다. 사람들이 말하는 시빌 워의 또 다른 피해자였다.

"너도, 로디." 스티브는 친구를 향한 고마움이 담긴 진실된 미소 뒤로 죄책감을 숨기려 애쓰며 말했다.

스코틀랜드에서 프록시마 미드나이트와 콜버스 글레이브와의 싸움을 막 끝낸 캡과 블랙 위도우, 팔콘, 완다 그리고 비전을 본 로즈가 뒤로 물러났다. "와. 너희들 몰골이 정말 말이 아니네." 그는 예전 팀 동료들과 떨어져 보낸 시간과 거리가 인식되기 시작했다. "몇 년 동안… 고생했나 보군."

"내가 보기엔 좋아 보이는데." 실험실로 익숙한 목소리가 들려왔다. 브루스 배너는 동료들이 몇 년 만에 처음으로 자신을 보자 옅은 미소를 지으며 어깨를 으쓱했다. "그래, 나 돌아왔어."

Bruce and rest of the Avengers gathered in the large **den**-turned **war-room**. Bruce was as **animated** as ever, trying to make sure everyone understood the **odds** they faced. The Children of Thanos had found them once already; they could do it again. With the Time Stone **somewhere** in space (***Hopefully*** *with Tony, Bruce thought*), that left the Mind Stone.

"Okay, look. Thanos has the biggest army in the **entire** universe, and he's not gonna stop until he gets Vision's Stone."

"Well then, we have to **protect** it," Black Widow swore.

A quiet voice stopped all talk.

"No. We have to **destroy** it."

All eyes turned to see Vision, **staring** out a window. He took a **moment** before looking to Cap. He **gently** touched the yellow stone **embedded** in his head. "I've been giving **a good deal of** thought to this **entity** in my head. About its **nature**. But also its **composition**."

브루스와 나머지 어벤져스는 큰 동굴 모양의 전략실에 모였다. 브루스는 그들이 마주한 역경을 모두가 이해하고 있는지 확인하려 애쓰며, 그 어느 때보다도 활기찬 모습이었다. 타노스의 자식들은 그들을 벌써 한 번 찾아냈고, 또 찾아낼 것이다. 타임 스톤은 우주 어딘가에 있으니 (바라건대, 브루스는 토니가 갖고 있을 거라 생각했다.) 남은 것은 마인드 스톤이었다.

"타노스는 온 우주를 통틀어 가장 큰 군대를 가졌고, 비전의 스톤을 가질 때까지 멈추지 않을 거야."

"그렇다면 우리가 스톤을 지켜야지." 블랙 위도우가 단언했다.

조용한 목소리가 모든 대화를 멈추게 했다.

"아뇨. 우린 스톤을 파괴해야 해요."

모든 시선이 창문을 응시하고 있는 비전을 향했다. 그는 캡을 보기 전 잠시 뜸을 들였다. 그가 머리에 박힌 노란색 스톤을 살며시 만졌다. "제 머리에 있는 이 물건에 대해 충분히 생각해 봤어요. 이것의 본질과 그 구성에 대해서도요."

He walked to Wanda, knowing his words would be met with **resistance**, even if it *was* the right thing to do. "I think if it were **exposed** to a **sufficiently** powerful energy source, something very similar to its own energy **signature**, perhaps..." He took her hands in his, bracing. "Perhaps its **molecular integrity** could fail."

Wanda pulled away, shaking her head. "Yeah, and you with it," she **admonished**. "We are not having this **conversation**."

"**Eliminating** the Stone is the only way to be certain that Thanos can't get it."

"That's too high a **price**," Wanda **pleaded**.

Vision **stroked** her hair. "Only you have the power to pay it. Thanos threatens half the universe."

He turned to face the group, motioning to himself. "One life cannot stand in the way of **defeating** him."

The beat of silence was broken by a commanding voice as Cap stepped **forward**.

그는 이것이 옳은 일일지라도, 자신의 말이 반대에 부딪힐 것을 알았기에 완다에게로 걸어갔다. "제 생각엔 이것이 자신과 비슷한 에너지 성질을 가진 충분히 강력한 에너지원에 노출된다면 아마도…." 그가 그녀의 손을 꽉 힘주어 잡았다. "아마 분자 구조가 붕괴될 거예요."

완다는 고개를 저으며 밀어냈다. "맞아. 그리고 그걸 가지고 있는 당신도 죽겠지." 그녀가 타이르듯 말했다. "이 이야기는 없던 걸로 하자."

"스톤을 없애는 것이 타노스가 스톤을 가질 수 없도록 확실하게 하는 유일한 방법이야."

"그건 너무 큰 희생이야." 완다가 애원했다.

비전이 그녀의 머리를 쓰다듬었다. "오직 당신만이 그걸 할 수 있는 힘이 있어. 타노스가 우주 절반을 위협하잖아."

그가 자신을 가리키며 팀원들에게 얼굴을 돌렸다. "하나의 생명이 그를 물리치는 데 방해가 될 순 없죠."

캡이 앞으로 나서자, 잠깐의 침묵은 그의 위엄 있는 목소리에 의해 깨졌다.

"But it should." Cap strode to the synthezoid. [2] "We don't **trade** lives, Vision."

Banner added his voice to the **discussion**. "Your mind is made up of a **complex construct** of **overlays**," he reminded Vision. "J.A.R.V.I.S., Ultron, Tony, me, the Stone. All of them mixed together, all of them learning from one another."

Wanda was **intrigued**. "You're saying that Vision isn't just the Stone?"

"I'm saying that if we take out the Stone, there's still a whole lot of Vision left," Banner smiled at the **implications**. "Perhaps the best parts."

"Can we do that?" Natasha began to feel hope, running her hands through her **dyed** blonde hair. [3] Defeating Thanos meant she, the people in this room, Hawkeye, Ant-Man, and others wouldn't have to be **on the run** anymore. Not only would they be **pardoned**, but they would have succeeded in finally defeating a threat that first attacked years ago.

"하지만 그래야 해." 캡은 인간의 모습을 한 로봇에게 성큼성큼 걸어갔다. "우린 목숨을 놓고 거래하지 않아, 비전."

배너가 토론에 자신의 목소리를 더했다. "네 정신은 복잡한 겹겹의 구조물들로 구성되어 있어." 그가 비전에게 상기시켜 주었다. "자비스, 울트론, 토니, 나, 스톤. 모두가 뒤섞여 서로에게서 배우지."

완다는 흥미로웠다. "스톤이 비전의 전부가 아니란 말이군요?"

"내 말은 스톤을 빼내더라도 여전히 비전의 많은 부분이 그대로일 거란 거지." 배너는 결과를 예상하며 미소를 지었다. "아마도 가장 좋은 부분들일 거야."

"우리가 그걸 할 수 있어?" 나타샤는 희망을 느꼈고, 염색한 금발 머리를 손으로 쓸어내렸다. 타노스를 패배시킨다는 것은 그녀와 그 방에 있는 사람들, 호크아이, 앤트맨 그리고 다른 이들이 더이상 도망을 다닐 필요가 없다는 것을 의미했다. 그들이 사면될 수 있을 뿐 아니라, 몇 년 전 처음으로 공격을 받은 그 위협을 마침내 물리치게 될 것이다.

Bruce looked to Natasha, a similar thought running through his mind. But he was afraid it was **slipping away**. "Not me. Not here."

"Well you better find someone and somewhere fast. Ross isn't just gonna let you guys have your old rooms back," Rhodes **warned**.

The light of the sun shone across Steve Rogers' blue eyes, adding an **extra sparkle** to the one already there. Captain America was already ahead of them.

"I know somewhere."

To any other mind, especially an **untrained** one, panic would have set in and the person would have died instantly. The thousands of glass shards **mere** inches away covering their entire bodies would tear through them if they moved.

Fortunately, Doctor Stephen Strange possessed the most focused mind in the **galaxy**. At the moment, all that meant was that he was perfectly **still**, staring down said blades.

브루스는 머릿속에 비슷한 생각을 떠올리며 나타샤를 바라보았다. 하지만 유감스럽게도 그 생각은 멀어지고 있었다. "난 못 해. 여기에서도 못 하고."

"그럼 빨리 그걸 할 수 있는 사람과 장소를 찾는 게 좋을 거야. 로스는 너희들이 예전 기지를 되찾게 내버려두지 않을 거니까." 로즈가 경고했다.

햇빛이 스티브 로저스의 파란 눈을 비췄고, 이미 거기 존재하는 빛에 반짝임을 더했다. 캡틴 아메리카는 이미 그들보다 앞서 있었다.

"내가 적당한 곳을 알아."

다른 이들의 정신, 특히 훈련되지 않은 정신에는 극심한 공포가 들어서 그 사람은 즉사했을 것이다. 만약 그들이 몸을 움직인다면 겨우 몇 인치 떨어지지 않은 곳에서 몸 전체를 덮고 있는 수천 개의 유리 조각들이 온몸을 관통해 구멍을 낼 것이다.

다행히도 닥터 스테판 스트레인지는 은하계에서 가장 집중된 정신을 가지고 있었다. 그 순간, 그것은 앞서 말한 칼날들을 그가 가만히 내려다보며 꼼짝도 하지 않고 가만히 있는 것을 의미했다.

"In all the time I've **served** Thanos," he heard Ebony Maw **brag** in his melodic voice, "I have never failed him."

Maw came into Strange's line of sight. The Child of Thanos' face hardened as he **inhaled sharply**. "If I were to reach our **rendezvous** on Titan with the Time Stone still attached to your **vaguely irritating** person, there would be ... judgment."

Maw **leaned in** to Strange as a spike shifted via his telepathy, cutting sharply into Strange's **cheek** with the merest touch.

"Give me the Stone."

Strange remained **resilient**. As **punishment**, more spikes began to pierce his body. He reached out with his **mind** to make **contact** with the Cloak of Levitation, which had managed to hide on Maw's ship **undetected**.

The Cloak floated to the deck **overlooking** the scene below, where Iron Man watched in horror, mind racing to formulate a plan. He jumped when the Cloak tapped him on the shoulder.

"타노스 님을 섬긴 모든 순간" 그는 에보니 모가 선율적인 목소리로 자랑하는 것을 들었다. "한 번도 그분을 실망시킨 적이 없다."

모가 스트레인지의 시야에 들어왔다. 타노스의 자식이 재빨리 숨을 들이마셨고, 그의 얼굴이 굳었다. "타이탄에 도착해서도 타임 스톤이 여전히 성가신 네놈에게 있다면, 그에 따른… 심판이 있을 것이다."

모의 텔레파시를 통해 뾰족한 것이 움직였고, 약간의 접촉으로 스트레인지의 뺨을 날카롭게 베었을 때 모가 스트레인지를 향해 몸을 숙였다.

"스톤을 내놓아라."

스트레인지는 굴하지 않았다. 그에 대한 벌로 더 많은 뾰족한 것들이 그의 몸을 찌르기 시작했다. 스트레인지는 모의 우주선에서 들키지 않은 채 숨어있는 레비테이션 망토와 접촉하기 위해 정신으로 연결을 시도했다.

망토는 아래의 상황이 내려다보이는 갑판으로 떠올랐는데, 그곳에는 공포에 질린 눈으로 쳐다보고 있는 아이언맨이 계획을 만들어내기 위해 머리를 굴리고 있었다. 망토가 어깨를 두드리자 그가 펄쩍 뛰었다.

"Wow, you're a seriously loyal piece of **outerwear**, aren't you?" he asked, still in shock. More surprising was the voice that came from behind.

"Yeah ..." whispered Peter Parker, "uh, speaking of **loyalty** ..."

Tony's face flushed.

"I was gonna go home," Peter said sheepishly. "But I just thought about you on the way and kinda stuck on the side of the ship. And this suit is crazy **intuitive**. So, if anything, it's kinda your **fault** that I'm here," Peter **rushed out** the last words and braced himself.

"What did you just say?" Tony's very angry face was in Peter's very **embarrassed** one.

"I take it back."

Tony tried to calm himself, but the **consequences** of Peter's actions **flooded** his mind.

"This isn't Coney Island. This isn't some **field trip**. This is a **one-way ticket**. You hear me?"

"와, 너 진짜 충성스러운 옷이구나?" 그는 여전히 충격이 가시지 않은 채 물었다. 더 놀라운 것은 뒤에서 들리는 목소리였다.

"맞아요…." 피터 파커가 속삭이며 말했다. "음, 충성 얘기가 나왔으니 말인데요…."

토니의 얼굴이 붉어졌다.

"집에 가려고 했어요." 피터가 소심하게 말했다. "그런데 가는 길에 스타크 씨가 생각나서 우주선 한쪽에 살짝 붙었어요. 그리고 이 슈트는 사용하기가 아주 쉬워요. 그러니깐 제가 여기 있는 건 아저씨 잘못도 좀 있죠." 피터는 마지막 말을 급히 내뱉으며 마음의 준비를 했다.

"방금 뭐라고 했어?" 토니의 매우 화가 난 얼굴이 피터의 당황한 얼굴 앞에 있었다.

"그 말은 취소할게요."

토니는 스스로를 진정시키려 애썼지만, 피터의 행동에 따른 결과가 그의 마음을 가득 채웠다.

"여긴 코니아일랜드*가 아니야. 현장 학습이 아니라고. 돌아가지 못할 수도 있어. 내 말 알아들어?"

---

* **코니아일랜드** : 뉴욕시 브루클린 남쪽 해안에 있는 위락지구

Peter tried to meet his **gaze**, but, **fully chastised**, he looked down.

Tony sighed and pointed at Strange as the duo looked over the **ledge**, the Cloak hovering behind them both. "We got a **situation**. See him, down there? He's in trouble. What's your plan? Go."

His plan, thought Peter? Tony Stark was giving him a chance! Following the ship into space had been a **mistake**, but he was **determined** to help. Peter **racked his brain**.

"Okay … okay …" Suddenly, he **snapped** his fingers and his eyes lit up as he looked at Tony. ❹"Did you ever see this really old movie *Aliens*?"

Below, Maw was circling Strange, **mentally** pushing **individual** shards into **various** points on the mystic's body.

"**Painful**, aren't they?" he **mused**. "They were **originally** designed for **microsurgery**." Maw turned from Strange. "And any one of them could end your friend's life." He looked up at Iron Man who was hovering above.

피터는 그의 시선을 맞추려고 애썼지만, 완전히 혼나고는 눈을 내리깔았다.

토니는 한숨을 쉬고는 스트레인지를 가리켰고, 그 둘이 발판 너머를 살필 동안 망토는 그 뒤를 맴돌았다. "문제가 생겼어. 아래에 저 남자 보이지? 저자가 곤경에 처했어. 네 계획은 뭐야? 말해봐."

나의 계획, 피터는 생각했다. 토니 스타크가 그에게 기회를 주고 있었다! 우주선을 따라 우주까지 온 건 실수였지만, 피터는 도움을 주기로 마음을 굳혔다. 피터는 머리를 짜냈다.

"좋아요… 좋아…." 피터가 갑자기 손가락을 딱하고 튕겼고 토니를 보자 그의 눈이 빛났다. '에이리언'이란 옛날 영화 본 적 있어요?"

그 아래에서, 모는 스트레인지 주변을 돌며 정신만으로 각각의 조각들을 마법사의 몸 여기저기에 밀어 넣고 있었다.

"고통스럽지. 그렇지 않아?" 그가 혼잣말했다. "이건 원래 미세수술을 위해 고안되었지." 모가 스트레인지에게서 돌아섰다. "그리고 이 중 어느 하나로도 네 친구의 목숨을 빼앗을 수 있다." 그가 위에서 맴돌고 있는 아이언맨을 올려다보았다.

"Gotta tell you, he's not really my friend. Saving his life is more a **professional** courtesy."

Maw moved away from Strange and lifted massive cargo pods with a wave of his hands. "Your powers are **inconsequential** compared to mine!"

Iron Man shrugged. "Yeah, but the kid's seen more movies."

Tony angled himself toward the ship's side and fired a missile at the hull, tearing it open in the resulting explosion. The cargo pods flew out of the hull.

With a scream of **disbelief**, Ebony Maw was sucked into the **coldness** of space.

Chaos quickly followed. Other objects began flying out and into space, including the microsurgery **needles**, freeing Strange. **Unfortunately**, Strange also began moving through the air to the opening. Just as he was about to be sucked through, the Cloak of Levitation grabbed Doctor Strange's **ankle** with one end and a **solid**-looking structure with the other, holding the man in place.

"정확히 말하자면 내 친구는 아니야. 저자의 목숨을 구하는 건, 같은 업계 종사자끼리의 예의 같은 거지."

모가 스트레인지에게서 멀어진 뒤 손짓으로 엄청나게 큰 화물 용기를 들어 올렸다. "너의 힘은 나에 비하면 하찮아!"

아이언맨이 어깨를 으쓱했다. "맞아. 하지만 얘는 너보다 영화를 더 많이 봤거든."

토니가 우주선의 측면으로 몸을 기울이곤 선체를 향해 미사일을 발사했다. 폭발로 인해 옆면이 부서지며 열렸다. 화물 용기가 선체 밖으로 날아갔다.

믿기지 않는다는 듯한 비명을 지르며 에보니 모가 차가운 우주 속으로 빨려 들어갔다.

즉각적으로 혼돈이 뒤따랐다. 미세수술용 바늘을 포함한 다른 물체들이 우주로 날아갔고, 스트레인지는 풀려났다. 불행히도 스트레인지 역시 공중에서 선체에 난 구멍 쪽으로 움직이기 시작했다. 그가 빨려 들어가려 하자 레비테이션 망토가 한쪽 끝으로는 닥터 스트레인지의 발목을, 다른 쪽으로는 단단해 보이는 구조물을 잡아 그를 제자리에 붙잡았다.

Spider-Man found himself nearly **sucked** out when four **mechanical arachnid**-looking arms extended from his back like an exo-skeleton. "Yes!" Peter **exclaimed**. "Wait. What *are* these?" He looked behind him to get a better view.

They, like the rest of the suit, acted **intuitively**, spreading out and gripping the hull's sides to keep Spider-Man from flying out. Peter shot a web and pulled himself to **freedom**.

With everyone safe from the hull's opening, Iron Man hurled a steel plate and welded the **hole** shut. The heroes peered out a window to see their **tormentor**, Ebony Maw, die as he **froze** in deep space... exactly the way Peter's movie-**inspired** film had planned.

Catching his breath, Peter **retracted** his mask and reached out to Doctor Strange. "I'm Peter, **by the way**."

"Doctor Strange."

"Oh, we're using our made up names." Peter cleared his **throat**. "Um, I'm Spider-Man then."

스파이더맨이 거의 빨려 나갈 뻔하자, 거미처럼 생긴 네 개의 기계 팔들이 외골격처럼 그의 등에서 뻗어 나왔다. "좋았어!" 피터가 소리쳤다. "잠깐, 이게 뭐지?" 그는 더 자세히 보려고 뒤를 보았다.

그것들은 수트의 다른 부분들처럼 직관적으로 뻗어 나와 스파이더맨이 날아가지 않게 선체의 옆면을 잡았다. 피터는 거미줄을 쏘고는 자유를 향해 몸을 끌어당겼다.

선체에 난 구멍으로부터 모두가 안전해지기 위해 아이언맨이 철판을 던진 뒤 용접해 구멍을 막았다. 영웅들은 창문 밖으로 깊은 우주에서 얼어 죽은, 그들을 괴롭힌 에보니 모를 바라보았다…. 피터가 영감을 받은 영화와 정확히 같은 방법이었다.

피터는 숨을 고르며 마스크를 집어넣고 닥터 스트레인지에게 손을 뻗었다. "그나저나, 전 피터예요."

"닥터 스트레인지."

"오, 예명을 사용하는 거군요." 피터가 목을 가다듬었다. "음, 그럼 전 스파이더맨이에요."

Strange did not shake Peter's hand as he passed, his attention pulled to the look on Tony Stark's face. He looked as though he was listening **intently**. Tony's hands were out slightly, as if feeling the air shift around them.

"The ship is self-correcting its **course**. Thing's on **autopilot**," he said **gravely**.

"Can we control it?" Strange asked, concerned.

Tony began pacing the deck, tapping his fingers together and stroking his **goatee**, deep in thought.

"Fly us home?" Strange **reiterated**. "Stark?" The mystic was losing **patience**.

"Yeah, I heard you," Stark waved him off. He paused to **propose** a new idea. "I'm thinking I'm not so sure we should."

Strange was **aghast**. "**Under no circumstances** can we bring the Time Stone to Thanos!" He paused to collect himself. "I don't think you quite understand what's **at stake** here."

스트레인지는 피터와 악수를 하지 않고 지나쳤고, 그의 관심은 토니의 얼굴에 쏠렸다. 그는 마치 열심히 귀를 기울이고 있는 것처럼 보였다. 토니의 손은 마치 주변 공기의 흐름을 느끼듯 살짝 내밀고 있었다.

"이 우주선은 항로를 스스로 조정하고 있어. 자동 조정 모드 같아." 그가 진지하게 말했다.

"우리가 제어 가능해?" 스트레인지가 걱정스레 물었다.

토니는 깊은 생각에 잠겨 손가락을 맞부딪히곤 수염을 쓰다듬으며 우주선을 서성거리기 시작했다.

"집으로 갈 수 있는 거야?" 스트레인지가 다시 말했다. "스타크?" 마법사는 인내심을 잃고 있었다.

"그래, 들었어." 스타크가 그에게 손을 흔들었다. 그는 새로운 아이디어를 제안하기 위해 멈췄다. "우리가 그래야 하는지 확신이 안 서네."

스트레인지는 경악했다. "어떤 상황에서도 타노스한테 타임 스톤을 갖다 바칠 순 없어!" 그가 멈춰서 몸을 추슬렀다. "자네는 무엇이 중요한지 잘 이해하지 못하는군."

"What?" Tony asked, **insulted**. "No. It's you who doesn't understand that Thanos has been inside my head for six years." He tapped his forehead for **emphasis**. "Since he sent an army to New York. And now he's back! And I don't know what to do. So I'm not so sure if it's a better plan to fight him on our **turf** or his, but you saw what they did, what they can do. At least on his turf he's not expecting it. So I say we take the fight to him." Tony cocked his head as he looked at Strange. "Doctor. Do you **concur**?"

There was **tense silence** in the room as the two men sized up each other and **mulled** their options. Strange raced through his mind, thinking of **alternatives**, wondering if it's possible Tony Stark's **brash** plan was possible. ❺ Tony waited, ready to stand his ground.

"All right, Stark." Strange sighed. "We go to him."

Before Tony could give a **cocky** grin at the fact that he won the **argument**, Doctor Strange held up his hand. "But you have to understand," Strange said, **measured**, "if it comes to saving you, or the kid, or the Time Stone, I

"뭐라고?" 모욕감을 느낀 토니가 물었다. "아니. 타노스가 6년간 내 머릿속에 있었다는 걸 이해하지 못하는 건 너야." 토니는 강조하기 위해 자신의 이마를 두드렸다. "녀석이 뉴욕으로 군대를 보낸 이후 쭉. 그리고 지금 녀석이 돌아왔어! 그래서 난 뭘 해야 할지 모르겠어. 녀석과 지구에서 싸우는 게 더 나은 계획인지 아니면 녀석의 땅에서 싸워야 할지 확신이 안 서. 너도 녀석들이 뭘 했는지, 그놈들이 뭘 할 수 있는지 봤잖아. 적어도 녀석들 영역에서 싸울 거라곤 예상하지 못 할 거야. 그러니깐 쳐들어가자고 말하는 거야." 토니가 고개를 기울이며 스트레인지를 쳐다봤다. "닥터. 동의해?"

두 남자가 서로에 대해 판단하고 그들이 가진 선택지에 대해 숙고하는 동안 긴장된 침묵이 흘렀다. 스트레인지는 대안을 생각하며 머리를 굴렸고, 그것이 가능할지 생각했다. 토니 스타크의 자신만만한 계획은 가능성이 있었다. 토니는 자신의 입장을 고수할 준비를 하며 기다렸다.

"좋아, 스타크." 스트레인지가 한숨을 쉬었다. "녀석에게 가자."

토니가 논쟁에서 이겼다는 사실에 자만에 찬 웃음을 짓기도 전에 닥터 스트레인지가 손을 들었다. "하지만 명심해." 스트레인지가 침착하게 말했다. "만약 자네나 저 꼬맹이, 아니면 타임 스톤 중 하나만 살려야 한다면 난 가차 없이 너희들을 버릴 거야. 우주의 운

will not hesitate to let either of you die. I can't, because the universe depends on it."

"We're straight." Tony understood what it took to make the big choices and major sacrifices.

He heard Peter **shuffle** his feet behind him and turned to face the young hero.

"All right, kid." Tony placed his hand on Peter's shoulder and **mimicked knighting** him. "You're an Avenger now."

With that, Peter Parker's dreams came true. He just hoped he would have time to **relish** it.

명이 이 스톤에 달렸으니까."

"동의해." 토니는 큰 결정과 중대한 희생을 하는데 무엇이 필요한지를 이해했다.

그는 자신의 뒤에서 피터가 발을 이리저리 움직이는 소리를 들었고 어린 영웅을 향해 돌아섰다.

"꼬맹아." 토니는 손을 피터의 어깨 위에 올렸고 기사 작위를 수여하는 흉내를 냈다. "너도 이제 어벤져스야."

그것으로 피터 파커의 꿈은 실현되었다. 그는 단지 그걸 즐길 시간이 있길 바랐다.

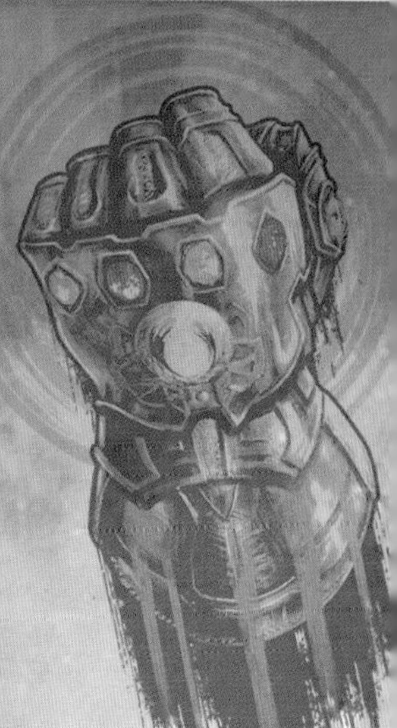

MARVEL
AVENGERS
INFINITY WAR

MARVEL
AVENGERS
INFINITY WAR

CHAPTER 8

워크북 p64

GAMORA STOOD in the **throne room** of the *Sanctuary II*, the seat of Thanos' power, and a place she was far too familiar with. She glared at the throne.

"I always hated that chair," she **spat**.

❶"So I've been told," Thanos said. "Even so, I'd hoped you'd sit in it one day."

가모라는 타노스의 협박에 못 이겨 소울 스톤이 있는 장소를 발설합니다. 그리고 그곳까지 타노스와 함께 가게 됩니다. 한편, 토르와 로켓은 옛 모습을 잃고 처참하게 변한 니다벨리르에서 드워프 에이트리를 만납니다.

가모라는 타노스의 권력의 자리이자 가까이하고 싶지 않았던 생츄어리 2호의 알현실에 서 있었다. 그녀가 왕좌를 노려보았다.

"난 항상 저 의자가 싫었어." 그녀가 말을 내뱉었다.

"그렇다고 들었다." 타노스가 말했다. "그렇지만 언젠가 네가 여기에 앉기를 바랐다."

Gamora looked at him, **fury** in her eyes. "I hate this room. This ship. I hated my life!"

Thanos looked at her, a sadness briefly flashing across his face. "You told me that too. Every day. For **almost** 20 years."

"I was a child when you took me," she **raged**.

"I saved you."

Gamora shook her head. "No. No. We were happy on my home planet."

"Going to bed hungry, **scrounging** for **scraps**," he reminded her. "Your planet was **on the brink of** collapse. I'm the one who stopped that." Gamora turned from him. "Do you know what's happened since then? The children born have known nothing but full **bellies** and clear skies. It's a **paradise**," Thanos said **proudly**.

Whipping around, Gamora **yelled**, "Because you murdered half the planet!"

"A small price to pay for **salvation**," Thanos shrugged. "Little one, it's a simple **calculus**. The universe is **finite**,

가모라는 분노가 가득한 눈으로 그를 쳐다보았다. "난 이 방이 싫어. 이 우주선도. 난 내 인생이 싫었어!"

타노스가 그녀를 보았을 때, 그의 얼굴에 잠시 슬픔이 비쳤다. "내게 그것도 말했었지. 매일같이. 거의 20년 동안."

"당신이 날 납치했을 때 난 어린아이였어." 그녀가 분노했다.

"난 널 구해준 거야."

가모라는 고개를 저었다. "아니, 아니야. 우린 고향 행성에서 행복했어."

"굶주린 채 잠들고, 음식 찌꺼기를 찾아 다니면서?" 그가 그녀에게 다시 알려주었다. "너의 행성은 파멸 직전이었다. 그걸 막은 게 나야." 가모라가 그에게서 돌아섰다. "그 이후로 어떻게 됐는지 아느냐? 태어난 아이들은 아무것도 몰랐지만 배부르게 먹었고 하늘은 푸르러졌어. 낙원이 되었지." 타노스가 자랑스럽게 말했다.

갑자기 뒤를 돌아보며 가모라가 소리쳤다 "당신이 행성의 절반을 죽였으니까!"

"구원을 위한 작은 대가일 뿐." 타노스가 어깨를 으쓱했다. "딸아, 단순한 계산일 뿐이다. 우주는 유한하고, 자원도 유한하지. 생

it's resources finite. If life is left **unchecked**, life will **cease** to **exist**." He spoke calmly, as though the **secrets** of the universe had been revealed to him and he was now passing this **knowledge** on to his daughter. "It needs **correction**."

Thanos looked at Gamora, his face **unreadable**. "That is why I trusted you to find the Soul Stone."

"I'm sorry I disappointed you," she **retorted**.

Thanos' head dropped slightly. "I am disappointed. But not because you didn't find it, but because you did. And you lied."

Thanos turned and led her to a **prison** cell. Gamora couldn't hide the shock on her face when she saw who was there: Nebula. She was **suspended** in mid-air, her **cybernetic** body **dissected** into slivers and held in place, made to look as though she had been stretched apart.

"Some time ago, your sister **snuck** aboard and tried to kill me. So I brought her here. To talk." He flexed the Infinity Gauntlet and used the Power Stone to pull Nebula further apart, causing the would-be **assassin** to scream.

명을 억제하지 않고 놔둔다면 소멸할 수밖에 없어." 그는 마치 우주의 비밀이 자신에게 드러났고 그 깨달음을 이제야 딸에게 전달하는 것처럼 태연하게 말했다. "바로 잡아야 해."

타노스는 알 수 없는 표정으로 가모라를 바라보았다. "그렇기 때문에 난 네가 소울 스톤을 찾을 거라고 믿었다."

"실망시켜서 미안하군." 그녀가 쏘아붙였다.

타노스가 고개를 살짝 떨구었다. "실망했다. 하지만 네가 스톤을 찾지 못해서가 아니라 찾아 놓고도 내게 거짓말을 했기 때문이지."

타노스는 돌아서서 그녀를 감옥으로 데리고 갔다. 가모라는 누가 그곳에 있는지를 보고는 충격받은 얼굴을 감출 수 없었다. 네뷸라였다. 그녀는 공중에 매달려 있었고 인조인간 몸이 조각으로 나누어져 제자리에 고정되어 있었는데, 마치 그녀를 하나하나 늘려놓은 것 같았다.

"얼마 전 네 동생이 몰래 우주선에 타서 날 죽이려고 했지. 그래서 내가 이 아이를 여기로 데리고 왔다. 얘길 좀 하려고." 타노스가 인피니티 건틀렛에 힘을 줬고, 파워 스톤을 이용해 네뷸라를 더 잡아당겨 그 암살 미수자를 소리 지르게 만들었다.

Gamora **begged** their father, "Stop. Stop it. I never found the Soul Stone."

"You're strong," Thanos said to Gamora then pointed to his chest. "Me," he took **credit**. "You're **generous**. Me," he repeated. "But I never taught you to lie. That's why you're so bad at it."

He moved the fisted Gauntlet to Gamora, two Stones lighting up. Gamora **flinched**.

"Where is the Soul Stone?"

She could feel the heat, the **raw** and **universal** power **emanating** from the Stones. She had no choice. He'd **probably** already **accessed** Nebula's memory files and knew she had found the map to the Soul Stone. Tears welled in her eyes. She felt as though each one was for another planet that she was betraying by revealing the **location**.

"Vormir!" She yelled, in **anguish** and **partial relief**. Maybe once they were there, she could stop him. "The Stone is on Vormir."

가모라는 아버지에게 애원했다. "그만. 그만해. 난 소울 스톤을 찾지 못했어."

"네가 강한 건" 타노스가 가모라에게 말하곤 자신의 가슴을 가리켰다. "내 덕분이지." 그가 스스로에게 공을 돌렸다. "네가 관대한 것도. 내 덕분이야." 그가 한 번 더 말했다. "하지만 너에게 거짓말하는 법은 가르친 적이 없지. 그래서 네가 잘 못하는 거다."

그가 주먹 쥔 건틀렛을 가모라에게로 움직였다. 스톤 두 개가 빛났다. 가모라는 움찔했다.

"소울 스톤은 어디에 있지?"

그녀는 스톤에서 뿜어져 나오는 가공되지 않은 우주적인 힘의 열기를 느꼈다. 그녀는 선택의 여지가 없었다. 그는 아마 네뷸라의 기억 파일에 이미 접속했을 것이고 그녀가 소울 스톤으로 가는 지도를 찾았다는 것을 알아냈을 것이다. 그녀의 두 눈에 눈물이 고였다. 그녀는 마치 그 눈물 방울이 자신이 위치를 밝혀내 배신한 다른 행성을 위한 것처럼 느껴졌다.

"보르미르!" 그녀가 괴로움과 약간의 안도감을 느끼며 소리쳤다. 일단 그들이 그곳에 가면 그녀가 그를 막을 수 있을지도 모른다. "스톤은 보르미르에 있어."

Thanos smiled, opening a teleportation portal.

"**Show** me."

Whatever Rocket had hoped to see when he reached Nidavellir, it vanished like the light of the **neutron** star the great **forge** once held. The **focal** rings were frozen, the forge **in ruins**. Thor shook his head, **partially** to make sure the mechanical eye Rocket had given him in the pod ride there was working but **mainly** in disbelief.

"This forge hasn't gone dark in **centuries**," said the Asgardian.

Rocket and Groot split up and explored the **wreckage** of the forge. Rocket gulped audibly. He was looking down at something—the **possible** answer to the **mystery** of why Nidavellir was in the state of ruin.

"You said Thanos had a gauntlet, right?" Rocket called out to Thor.

"Yes, why?"

Thor walked over to view what Rocket had found.

타노스가 순간이동 포털을 열며 미소를 지었다.

"안내해라."

로켓이 니다벨리르에 도착해 보길 바란 것이 무엇이든, 한때 위대한 용광로가 열렸던 중성자별의 빛처럼 니다벨리르가 사라졌다. 중심 고리들은 얼어 있었고, 용광로는 폐허가 되어 있었다. 토르는 그곳으로 향하던 중 로켓이 포드에서 준 기계 눈알이 제대로 작동하는지 확인하기 위해 그러나 결정적으로는 불신하며 고개를 저었다.

"이 용광로는 수백 년간 멈추지 않았는데." 그 아스가르드인이 말했다.

로켓과 그루트는 흩어져 용광로의 잔해를 살폈다. 로켓은 소리가 들릴 정도로 침을 삼켰다. 그는 무언가를 내려다보고 있었는데, 니다벨리르가 왜 폐허 상태가 되었는지 그 수수께끼에 대한 가능성 있는 답 같았다.

"타노스가 건틀렛을 가지고 있다고 했지. 맞아?" 로켓이 토르를 불렀다.

"맞아. 왜?"

토르는 로켓이 발견한 것을 보기 위해 걸어갔다.

"It look anything like that?" The Guardian asked.

A **mold**, the only one left **intact** as far as they could see, was lying next to the forging basin. It was in the shape of a large glove with six **insets**. There was no doubt, they were at the **birthplace** of the Infinity Gauntlet.

"I am Groot!" came a sharp warning from the teen aged tree-like creature.

Turning, Thor saw a giant with long **shaggy** hair and a dark **bushy** beard charge them.

"Go back to the pod!" Thor warned. But it was too late. The **oversized** man kicked Groot and Rocket away like soccer balls. He slowed his march as he saw Thor, and through that mussed **mane** of hair, Thor saw murder in his eyes.

"Eitri, wait!" The large creature paused at the sound of his name. "Stop!" Thor's voice repeated the word, **calmingly**. "Stop."

Eitri the Dwarf, keeper of the forge at Nidavellir, maker of Mjolnir, halted in his tracks. His clothes were

"그게 저거랑 비슷해?" 가디언이 물었다.

그들이 알아볼 수 있을 정도로 온전한 거푸집 하나가 용광로 대야 옆에 놓여 있었다. 여섯 개의 구멍이 있는 큰 장갑 모양이었다. 그들은 의심의 여지없이 인피니티 건틀렛이 만들어진 곳에 있었다.

"난 그루트다!" 나무처럼 생긴 10대 생명체로부터 날카로운 경고 소리가 나왔다.

토르가 몸을 돌리자, 길고 덥수룩한 머리와 검고 무성한 수염을 가진 거인이 그들에게 돌격하고 있었다.

"포드로 돌아가!" 토르가 경고했다. 하지만 너무 늦었다. 거대한 남자는 그루트와 로켓을 축구공처럼 발로 찼다. 그는 토르를 보며 걸음 속도를 줄였고, 토르는 헝클어지고 숱이 많은 머리카락 사이로 그의 눈에 담긴 살기를 보았다.

"에이트리, 잠깐!" 그 큰 몸집의 생명체는 자신의 이름을 듣고 멈칫했다. "멈춰!" 토르의 목소리가 차분하게 그 말을 되풀이했다. "멈춰."

니다벨리르에서 용광로를 지키는 자이자 묠니르를 만든 난쟁이 에이트리는 자리에 멈춰 섰다. 그의 옷은 너덜너덜했다.

tattered. His hair was **tangled**. He looked as though he had not slept in months, and smelled like his last bath had been even longer ago.

"Thor?" Eitri's voice was tinged with **recognition**, as though he was coming out of a fog.

Thor approached his **long-time** friend. "What **happened** here? Eitri, the glove. What did you do?"

The dwarf looked around, **shame** and **regret** filled his voice. "300 dwarves lived on this ring. I thought if I did what he asked, they'd be safe. I made what he wanted: a device capable of **harnessing** the power of the Stones." **Despair** now **tinged** every word. "Then he killed everyone anyway. All except me."

It was then that Thor noticed Eitri's hands were **gnarled** and **encased** in **unbreakable steel**. "'Your life is yours,' he said, 'but your hands are mine alone.'"

Thor placed his hands on Eitri's, then brushed back the large dwarf's hair. His voice was strong, **commanding**, and his **attitude** assuring. "Eitri, this isn't about your hands.

머리는 헝클어져 있었다. 그는 마치 몇 달 동안 잠을 자지 못한 것처럼 보였고, 마지막 목욕은 훨씬 더 오래전이었던 것 같은 냄새가 났다.

"토르?" 에이트리의 목소리는 마치 안개 밖으로 나오는 것처럼 그를 알아보는 느낌이었다.

토르는 오랜 친구에게 다가갔다. "여기에 무슨 일이 있었던 거야? 에이트리, 저 장갑. 무슨 짓을 한 거야?"

드워프는 주위를 둘러보았고, 그의 목소리에서 수치심과 후회가 가득 묻어났다. "드워프 300명이 이 고리에 살았어. 그가 시키는 대로 하면 그들을 살려줄 거라고 생각했어. 그가 원하는 걸 내가 만들어 줬지. 스톤의 힘을 담을 수 있는 물건을." 이번엔 절망스러움이 모든 단어에 묻어났다. "그런데 놈이 다 죽여 버렸어. 나만 빼고."

그때 토르는 에이트리의 손이 비틀린 채로, 부서지지 않는 금속에 감싸져 있는 것을 알아챘다. "'내 목숨은 내 것이지만 내 손은 자기 것'이라고 그가 말하더군."

토르는 자신의 손을 에이트리에게 얹으며, 커다란 드워프의 머리카락을 뒤로 쓸어넘겼다. 그의 목소리는 힘 있고 위엄 있었으며 그의 태도에는 확신이 있었다. "에이트리, 이건 네 손에 관한 게 아니

Every weapon you've ever designed, every **axe**, **hammer**, **sword**… it's all inside your head. Now, I know it feels like all hope is lost. Trust me, I know. But together, you and I…" the Odinson made Eitri's eyes meet his and spoke a vow that **stirred** in Eitri's heart.

"We can kill Thanos."

Half a galaxy away the *Sanctuary II* hovered in deep space. It housed those that believed in Thanos' cause, the many races who served in his armies, and hundreds of guards **dedicated** to protect him, even if he was off-board, as he was now.

One such guard walked past the cell holding Nebula in her suspended prison state. He heard a **whirl** and saw her cybernetic eye had **extended**. They were under the **strictest** of orders to make sure nothing happened to Nebula until Thanos returned from Vormir. The guard entered the cell.

야. 네가 만든 모든 무기, 도끼, 망치, 칼… 모두 네 머릿속에 들어 있잖아. 지금, 모든 희망이 사라진 기분이란 거 알아. 나도 정말 잘 알아. 하지만 너와 내가 함께라면….” 오딘슨은 에이트리와 눈을 마주치며 그의 마음을 움직이는 맹세를 했다.

“우린 타노스를 죽일 수 있어.”

절반쯤 떨어진 은하계에서 생츄어리 2호는 깊은 우주를 맴돌고 있었다. 이것은 타노스의 이상을 믿는 자들과 그의 군대에서 복무하는 많은 종족들 그리고 그가 지금처럼 우주선 밖에 나가 있을지라도 그를 지키기 위해 헌신하는 수백 명의 경비병들을 수용하고 있었다.

그 경비병 중 하나가 네뷸라가 집행 유예된 상태로 잡혀있는 감옥을 지나쳐 걸어갔다. 그는 빙그르르 돌아가는 소리를 들었고 그녀의 인조인간 눈이 튀어나온 것을 보았다. 그들은 타노스가 보르미르에서 돌아올 때까지 네뷸라에게 아무 일도 일어나지 않게 하라는 엄격한 명령을 받았다. 경비병이 감옥 안으로 들어갔다.

Her **trap** sprung, Nebula quickly **overcame** the guard. As his body hit the floor she thought to herself, "Be thankful you didn't have to face Thanos when he found me gone." Focusing on the task at hand, Nebula swiftly raced to the comms station outside her **cell**. She **punched** in familiar **coordinates**.

Before the other end could **acknowledge** they had received her call, Nebula **hushed** them. Leaning in, Nebula **whispered** to her some-time team-mate. "Mantis, listen very carefully. I need you to meet me on Titan…"

The **landing** on Titan was not an easy one. The ringed ship was not made for human pilots and the **gravity** on the plat **ebbed** and flowed somehow. It took the **combined** efforts of Iron Man's armor, Spider-Man's **strength** and webbing, and Doctor Strange's mystic arts to survive in one piece. The same could not be said for their stolen ship. Nor, the trio thought, could it be said of the planet they were now on.

그녀의 덫이 튀어나오자 네뷸라는 재빨리 경비원을 꼼짝 못 하게 만들었다. 그의 몸이 바닥에 부딪히자 그녀는 마음속으로 생각했다. '타노스가 내가 사라진 것을 알았을 때 그의 얼굴을 마주하지 않아도 된다는 것에 감사해라.' 네뷸라는 눈앞에 닥친 일에 집중하며, 감옥 밖에 있는 통신소로 신속히 달려갔다. 그녀가 익숙한 좌표를 눌렀다.

상대방이 그녀의 연락을 받았다는 것을 알아차리기 전에, 네뷸라가 그들을 조용히 시켰다. 네뷸라는 몸을 숙인 채 자신의 이전 팀 동료에게 은밀히 말했다. "맨티스, 잘 들어. 타이탄에서 날 만나야 해…."

타이탄에 착륙하는 것은 쉬운 일이 아니었다. 고리형 우주선은 인간 조종사와 웬지는 모르겠지만 주기적으로 변동하는 땅의 중력을 고려해 만들어진 것이 아니었다. 무사히 살아남기 위해서는 아이언맨의 슈트와 스파이더맨의 힘과 거미줄 그리고 닥터 스트레인지의 마법, 이 모두의 협력이 필요했다. 훔친 우주선에서는 그러지 못했다. 그들이 지금 서 있는 행성에게도 그러지 못했다고 그 셋은 생각했다.

Titan was a place of ruins built upon ruins. Six-**pronged** ships **littered** the area, some embedded into the ground. **Ash** and dust filled the air as though the planet was aflame. The pale red sky added to the feeling. There were pockets where gravity barely existed, causing dust and debris to hang in the air, like a **grave** surrounding them.

Before they could completely get their **bearings**, Spider-Man felt his danger sense flare up. "Something's coming."

Strange, Iron Man, and Spidey prepared themselves. Dr. Strange surrounded them with a mystic barrier as Iron Man armed his shoulder missiles. Spider-Man extended the four mechanical arms, as though ready to take on eight foes as once if needed. It turned out there were less than half of that, but no less deadly: from behind an **outcropping**, the Guardians of the Galaxy sprang to action.

Wielding his twin blades, Drax lunged at Strange. A quick flick of his wrist and a **magical** whip **disarmed** the charging green-skinned Drax.

타이탄은 폐허 위에 지어진 폐허의 장소였다. 여섯 갈래로 갈라진 우주선들이 그곳에 흩어져 있었고, 일부는 땅에 박혀있었다. 마치 행성이 불타고 있는 것처럼 잿더미와 먼지가 공기 중에 가득했다. 연붉은 하늘이 그 느낌을 더했다. 그곳에는 마치 무덤이 그들을 둘러싼 것처럼 먼지와 잔해를 공기 중에 떠다니게 만드는 중력이 거의 없는 지역들이 있었다.

그들이 주위를 전부 살피기 전, 스파이더맨은 자신의 위험 감지 감각이 확 타오르는 것을 느꼈다. "뭔가 다가오고 있어요."

스트레인지와 아이언맨 그리고 스파이디*는 대비를 했다. 아이언맨이 어깨 미사일을 무장하는 동안 닥터 스트레인지는 마법 장벽으로 그들을 둘러쌌다. 스파이더맨은 필요하다면 여덟 명의 적을 한 번에 상대할 준비가 된 것처럼 네 개의 기계 팔을 뻗었다. 그들의 수는 적의 절반보다도 적었지만, 매우 치명적이었다. 돌출된 암석 뒤에서 가디언즈 오브 갤럭시는 급히 행동을 개시했다.

드랙스는 쌍칼을 휘두르며 스트레인지 쪽으로 달려들었다. 스트레인지가 손목을 재빨리 휙 움직이자, 마법 채찍이 달려드는 녹색 피부의 드랙스를 무장해제 시켰다.

★ **스파이디** : 스파이더맨의 별칭

Iron Man took to the sky, dodging blasts from the masked Star-Lord. The two exchanged fire, each deftly dodging and blocking the other's blows in mid-air. Before Drax could **recover** and join his captain, the Cloak of Levitation **pinned** the **muscular** Drax **easily** to the ground.

Drax **wrestled** with the Cloak, trying to both free himself and contain the sentient cloth. "Die, **blanket** of death!" he bellowed.

Those words sunk into Peter Quill's head long enough for him to realize they may have **overestimated** the situation. He landed, pushing the button to **reveal** his face.

❷"Everybody stay where you are. **Chill out**," he said, slowly circling around, trying to make eye contact with his teammates and these **recent** possible-**adversaries**. Turning to face Tony, he **addressed** him as Tony raised his **faceplate**. "I'm gonna ask you this one time: Where's Gamora?"

아이언맨은 마스크를 쓴 스타 로드의 총격을 재빨리 피하며 날아올랐다. 두 사람은 총격을 주고받았고, 서로의 공격을 공중에서 날렵하게 피하며 막았다. 드랙스가 회복해 대장에게 합류하기 전에 레비테이션 망토가 근육질의 드랙스를 손쉽게 땅에 꽂았다.

드랙스는 망토와 씨름하며 벗어나려 애썼고 동시에 지각이 있는 그 망토를 통제하려 했다. "죽어라, 죽음의 담요!" 그가 고함쳤다.

그 단어들이 피터 퀼의 머리에 박혔는데, 그들이 상황을 과대평가한 것일지도 모른다는 것을 깨닫기 충분한 시간이었다. 그가 버튼을 눌러 얼굴을 드러내며 착륙했다.

"모두 제자리에 그대로 있어. 진정해." 그가 천천히 주변을 돌며 자신의 동료들과 최근 나타난 새로운 적일지도 모르는 상대편과 눈을 마주치려 노력하며 말했다. 그가 토니에게 고개를 돌렸고 토니가 마스크를 들어 올리자 그에게 말을 걸었다. "딱 한 번만 묻겠다. 가모라는 어디에 있지?"

Tony **scoffed**. He'd never heard of a 'Gamora' but he could tell she was someone of **importance**. How important would give him the knowledge he needed to take control of the situation. "Yeah," he **challenged**. "I'll do you one better: Who's Gamora?"

Still pinned to the ground by the Cloak of Levitation, Drax tried to wax **philosophical**. "I'll do you one better: *Why* is Gamora?"

Everyone ignored him—or tried to at least. Peter found himself strangely wanting to laugh, mainly due to fighting aliens in space on a dead world could use a moment to let off a bit of steam. He contained it, however.

Quill remained **defiant**. "You don't wanna tell me where she is? That's fine. I'll kill all three of you and I'll beat it out of Thanos myself." He **sauntered** like he was in a Western movie, ready for a gunfight. A voice stopped him.

"Wait, what?" asked Doctor Strange. "Thanos? What Master do you serve?"

Peter Quill was **unsure** what that even meant.

토니는 비웃었다. 그는 '가모라'에 대해 들어본 적이 전혀 없었지만, 그녀가 중요한 사람이라는 것은 알 수 있었다. 얼마나 중요한지가 그가 상황을 통제하기 위해 필요한 정보를 줄 것이다. "좋아." 토니가 도전적으로 말했다. "내가 더 좋은 질문을 하지. 가모라가 누구야?"

여전히 레비테이션 망토에 의해 땅에서 꼼짝 못 하고 있는 드랙스는 더욱 철학적인 질문을 하려고 노력했다. "내가 더 좋은 질문을 하지. 왜 하필 가모라야?"

모두들 그를 무시하거나 아니면 적어도 무시하려고 애썼다. 피터는 이상하게도 웃고 싶었는데, 우주의 죽은 행성에서 싸우는 외계인들도 기분을 좀 풀기 위해 잠시 웃을 시간을 낼 수 있다는 생각 때문이었다. 하지만 그는 감정을 억눌렀다.

퀼은 여전히 도전적으로 말했다. "어디에 있는지 말하기 싫어? 좋아. 너희 셋 다 죽이고 내가 직접 타노스를 제압하면 되니까." 그는 마치 서부 영화에서 총격전을 벌일 준비를 하는 것처럼 느릿느릿 걸었다. 한 목소리가 그를 멈춰 세웠다.

"잠시만. 뭐라고?" 닥터 스트레인지가 물었다. "타노스? 네가 모시는 주인이 누구지?"

피터 퀼은 그 질문이 무엇을 의미하는지조차 확신하지 못했다.

"What master do I serve? Who are you?"

With an **extremely** proud grin, Spider-Man **announced**, "We're the Avengers, man."

A slight **gasp** came from the **shy** Mantis, who pointed at the trio. "You're the ones Thor told us about."

Those words stopped Iron Man in his tracks. "You know Thor?"

Knowing that Thor had **survived** Thanos' attack—possibly one of the only creatures to have done so, Doctor Strange's **interest** was **piqued**. He must speak with Thor, he felt the Asgardian had a very important role in the tapestry that was **unfolding**.

"Where is he now?"

The darkened forge of Nidavellir held many secrets in its **depths**. One such secret Eitri held close in his arms before placing it near the **empty** cauldron. It was an **ancient** mold, a cast. On one end was the shape of an axe, the other shaped like a hammer.

"내가 모시는 주인이 누구냐고? 넌 누군데?"

스파이더맨은 아주 자랑스럽게 활짝 웃으며 알렸다. "우린 어벤져스예요."

작게 헉 하는 소리가 수줍음 많은 맨티스에게 나왔고, 그녀는 세 사람을 가리키고 있었다. "토르가 말한 사람들이 당신들이군요."

그 말은 아이언맨을 그 자리에 멈추게 했다. "토르를 알아?"

토르가 타노스의 공격에서 살아남았다는 것은 아마도 타노스의 공격에서 살아남은 유일한 생명체라는 것이고, 이러한 사실은 닥터 스트레인지의 호기심을 자극했다. 그는 토르와 이야기를 해야 했다. 그는 그 아스가르드인이 지금 전개되고 있는 이 복잡한 이야기에서 매우 중요한 역할을 하고 있다는 것을 느꼈다.

"그는 지금 어디에 있지?"

니다벨리르의 어두운 용광로는 깊숙한 곳에 많은 비밀을 가지고 있었다. 에이트리는 그러한 비밀 하나를 빈 가마솥 옆에 놓기 전에 가슴에 꽉 안았다. 그것은 고대의 거푸집, 즉 주형*이었다. 한쪽 끝은 도끼 모양이었고, 다른 쪽은 망치 같은 모양이었다.

★ **주형** : 쇠붙이를 녹여 부어서 물건을 만들 때 그 틀로 쓰이는 모형

Rocket looked unimpressed. "This is the plan? We're gonna hit him with a rock?"

Giving Rocket a **withering** glare, Eitri explained. "It's a mold. A king's weapon. Meant to be the greatest in Asgard. In theory, it could even summon the Bifrost."

At the mention of this weapon, and the **possibility** of wielding the Bifrost, Thor turned quickly. If they could use this weapon to cross the Nine Realms, he could race Thanos to Earth and stop him.

"Did it have a name?" Thor asked.

"Stormbreaker."

Rocket scoffed. "That's a bit much."

Thor had studied all of Asgardian lore when it came to weapons. This was something thought only to be **legend**. Until now. "So how do we make it?"

At this, Eitri's face fell. It would take more than a **miracle**—or an Asgradian king, a sentient tree and a talking raccoon, at least. "You'll have to **restart** the forge. **Awaken** the heart of a dying star."

로켓은 감흥이 없는 표정이었다. “이게 계획이야? 저 벽돌로 놈을 후려치게?”

로켓에게 위화감 있는 눈빛를 보내며 에이트리가 설명했다. “이건 거푸집이다. 왕의 무기. 아스가르드에서 가장 위대한 무기라는 뜻이지. 이론적으로 이건 바이프로스트도 소환할 수 있다.”

이 무기에 대한 언급과 바이프로스트를 휘두를 수 있다는 가능성에 토르는 재빨리 몸을 돌렸다. 만약 이 무기로 아홉 왕국을 건널 수 있다면 그는 타노스를 쫓아 지구로 질주하여 그를 멈출 수 있을 것이다.

“이 무기에 이름이 있나?” 토르가 물었다.

“스톰브레이커.”

로켓이 비웃었다. “그건 좀 과한데.”

토르는 무기에 관해서라면 아스가르드의 모든 설화를 공부했다. 이것은 전설로만 여겨져 온 것이었다. 지금까지는 그랬다. “그럼, 어떻게 만들지?”

이 말에 에이트리는 고개를 떨궜다. 기적 이상이 필요할 것이다. 아니면 적어도 아스가르드 왕, 지각이 있는 나무 그리고 말하는 라쿤이 필요했다. “용광로를 다시 지펴서 죽어가는 별의 심장을 깨워야 해.”

Thor accepted the challenge, an idea forming. Turning to Rocket, he nodded to the ship's **captain**. "Rabbit, fire up the pod."

❸ On Titan, the Guardians and the Avengers were attempting to come to a meeting of the minds. **So far**, the only thing Tony stark could agree with was that they were all out of their minds.

Peter Quill was **bouncing** in the air, using a **refurbished** 1970s video game to **measure** the atmosphere. "The hell happened to this planet? It's eight **degrees** off its **axis**. Gravitational pull is all over the place."

Iron Man tried to **steer** the topic back to what was important, formulating a way to **bring down** Thanos when he arrived.

"Yeah," Tony said, "We've got one **advantage**: he's coming to us. We'll use it. I have a plan." He looked around at the group. "Or the beginnings of one. It's pretty **simple**. We **draw** him in, pin him down, get what we need.

토르는 그 도전에 응했고, 방법을 생각해냈다. 그가 로켓에게 고개를 돌려 우주선의 선장에게 고개를 끄덕였다. "토끼, 포드 엔진 작동시켜."

타이탄에서는 가디언즈와 어벤져스가 의견 일치를 보려고 시도 중이었다. 지금까지 토니 스타크가 동의 할 수 있는 것은 그들 모두 제정신이 아니라는 것뿐이었다.

피터 퀼은 개조된 1970년대 비디오 게임을 사용해 대기를 측정하며 공중에서 뛰어다니고 있었다. "이 행성에 대체 무슨 일이 있었던 거야? 8도가 기울었어. 중력은 엉망이야."

아이언맨은 대화의 주제를 중요한 문제로 되돌리려 애썼는데, 타노스가 왔을 때 그를 쓰러뜨릴 수 있는 방법을 만들어내는 것이었다.

"그래." 토니가 말했다. "우리에게 하나 유리한 점이 있어. 놈이 우리에게 온다는 거지. 그걸 이용하자. 나한테 작전이 있어." 그가 일행을 돌아보았다. "아니면 초안이랄까. 아주 간단해. 놈을 유인해서, 꼼짝 못 하게 하고, 우리에게 필요한 걸 얻어내는 거야. 당연히

[4] Definitely don't wanna dance with this guy. We just want the gauntlet." It was simple, but a start, Tony thought.

Then he heard Drax **yawn**.

Tony was **infuriated**. "Are you yawning? In the middle of this? Did you hear what I said?"

"I stopped listening after you said 'We need a plan.'"

Iron Man's nanites quickly formed around his body as he aimed a repulsor at Drax out of **frustration**. Quill, used to Drax's **rudeness**, flipped on his own helmet and got between the two, his guns raised. Just as things were about to come to blows—or blasts—Mantis's voice stopped them.

"Excuse me, but does your friend often do that?" she asked, pointing to Doctor Strange.

Strange was seated cross-legged, floating in midair. His hands were formed in a strange **gesture** and the Time Stone shone bright green. Most **disturbing**, however, was how quickly his head was moving. It was so **rapid** his face was a blur.

그놈과 춤출 시간은 없어. 건틀렛만 뺏는 거지." 토니는 계획이 단순하지만, 첫걸음이라고 생각했다.

그때 드랙스가 하품하는 소리를 그가 들었다.

토니는 극도로 화가 났다. "지금 하품하는 거야? 이 상황에? 내가 말하는 걸 듣긴 했어?"

"네가 '작전이 있다.'고 말한 뒤로는 듣지 않았어."

아이언맨이 실망감에 드랙스에게로 리펄서를 조준하자, 그의 나노 기기들이 재빨리 몸에 형성되었다. 드랙스의 무례함에 익숙한 퀼은 헬멧을 켜고 두 사람 가운데로 가서 총을 들어 올렸다. 일이 막 터지려는 순간 맨티스의 목소리가 그들을 멈추게 했다.

"잠깐만요. 친구분이 자주 저러나요?" 그녀가 닥터 스트레인지를 가리키며 물었다.

스트레인지는 다리를 꼬고 앉은 채로 공중에 떠있었다. 그의 손은 요상한 손동작을 만들고 있었고, 타임 스톤은 밝은 초록색으로 빛났다. 하지만 가장 불안감을 주는 것은 너무 빠르게 움직이고 있는 그의 머리였다. 그의 얼굴은 너무 빨리 움직여 흐릿해 보였다.

Then, as soon as they noticed, it stopped. Strange's head fell as his body crashed to the ground. Tony ran to help him up.

"Strange? We all right?"

Slowly coming out of his **trance**, Strange placed his hand on Tony's shoulder, raising himself to a seated **position**. He was breathing heavily, as though he had just awoken from a **nightmare**.

"You're back," Tony assured him. "You're all right." Strange nodded **wordlessly**.

Spider-Man's **curiosity** couldn't be **contained**. "Hey, um, what was that?"

Trying to regain his **composure**, Doctor Strange addressed the group. "I went forward in time to view **alternate** futures." He took a slight gasp, the **effort** and his visions having clearly taken much out of him. "To see all possible outcomes of the coming **conflict**."

Quill broke the silence as he nervously asked, "How many did you see?"

그들이 그것을 알아차리자마자 그 행동이 멈췄다. 그의 몸이 땅에 떨어지자 머리가 떨궈졌다. 토니는 그를 일으켜주기 위해 달려갔다.

"스트레인지? 괜찮은 거야?"

가수* 상태에서 서서히 깨어난 스트레인지는 토니의 어깨에 손을 얹었고, 앉은 자세로 몸을 일으켰다. 그는 마치 악몽에서 막 깨어난 것처럼 거친 숨을 몰아쉬고 있었다.

"돌아왔군." 토니가 확인했다. "괜찮은 거지." 스트레인지는 말없이 고개를 끄덕였다.

스파이더맨은 호기심을 억누를 수 없었다. "저기, 음, 방금 뭘 한 거예요?"

닥터 스트레인지는 마음의 평정을 되찾으려 애쓰며 일행에게 말했다. "발생 가능한 미래를 보기 위해 시간을 앞질러 갔어." 그는 약간 숨을 헐떡거렸으며 그 결과와 그의 환영들은 명백히 그에게서 많은 것을 앗아갔다. "다가오는 싸움의 가능성 있는 모든 결과들을 보기 위해서지."

퀼이 초조하게 물으며 침묵을 깼다. "몇 개나 봤는데?"

---

* **가수** : 의식이 반쯤 깨어있는 옅은 잠

"14,000,605," Strange answered.

Tony, afraid to ask, voiced the only thing on anyone's mind. "How many did we win?"

"One."

On the other side of the universe floated a lonely planet and its **single** moon, **orbiting** a dark sun: Vormir. Long **devoid** of life, any **claims** to **glory** the planet once had were now gone. There was now only one reason anyone came to Vormir. The dark sky with a **crimson tint** caused by a slow **solar eclipse** happening backlit the mountain **peak** in the distance. Even though it was miles away on foot, Thanos and Gamora could still see the two towers built high on the top of the mountain.

"The Stone had better be up there. For your sister's sake," Thanos swore.

After a long **trek** up the mountain, the father and daughter came to the mouth of what **appeared** to be a cave. The **darkness** shifted in the wind and revealed it was

"14,000,605개" 스트레인지가 대답했다.

토니는 묻기를 두려워하며, 모두의 마음속에 있는 한 가지를 물었다. "우리가 몇 번이나 이겼지?"

"한 번."

우주의 다른 한편에서는 어두운 태양의 궤도를 도는 외로운 행성과 그 행성의 단 하나뿐인 위성이 떠 있었다. 보르미르. 오랫동안 생명체가 전혀 살지 않았으며, 한때 행성이 가지고 있던 찬란한 아름다움도 이제는 사라졌다. 이제 누구든지 보르미르에 오는 이유는 단 한 가지였다. 느린 일식 현상에 의해 진홍빛 색조를 띤 어두운 하늘이 저 멀리 산봉우리를 비추고 있었다. 비록 걸어서는 수 마일 멀리 떨어져 있었지만, 타노스와 가모라는 여전히 산꼭대기에 높이 세워진 두 개의 탑을 볼 수 있었다.

"저 위에 스톤이 있어야 할 거다. 네 동생을 위해서." 타노스가 단언했다.

아버지와 딸은 한참 동안 산을 오른 후, 동굴처럼 보이는 것의 입구에 이르렀다. 바람이 어둠을 몰아내자 그곳은 정말 터널임이 드러났다.

actually a tunnel.

"Welcome, Thanos, so of A'Lars. Gamora, daughter of Thanos," came a voice from the darkness. It formed into a ethereal floating figure, **roughly** the size of a human man, robed, its face hidden by the hood.

"Where is the Soul Stone?" Thanos asked, not wanting to play games when he was so close to **achieving** what had **evaded** so many others, if the **tales** were true.

"You should know," the voice said, like a dark **storm**, "it **extracts** a **terrible** price."

Thanos nodded. "I am prepared."

The figure would have laughed at this if it were **capable**. "We all think that at first." With that, it pulled back the hood, revealing the **hollowed** scarlet face of the Red Skull **beneath**.

"We are all wrong."

With that, the Red Skull led them through the tunnel and between the two towers to a **ritualistic temple**. It lay in ruins, **boulders** having crushed parts of it, storms and

"어서 오십시오, 타노스. 알라스의 아들이시어. 가모라, 타노스의 딸이시어." 어둠 속에서 목소리가 들려왔다. 그것은 대략 사람의 크기로, 가운을 입고 있고, 얼굴은 겉옷에 달린 모자로 가려진 채 대기를 떠다니는 영묘한 형상을 하고 있었다.

"소울 스톤은 어디 있지?" 타노스는 만약 들려오는 이야기가 사실이라면, 수많은 이들의 노력을 헛되게 한 그 스톤을 얻기 직전에 속고 싶지 않아 물었다.

"아시다시피" 그 목소리는 어두운 폭풍처럼 말했다. "스톤은 엄청난 대가를 가져갑니다."

타노스가 고개를 끄덕였다. "각오하고 있다."

그 형체가 만약 웃을 수 있다면, 그 말에 웃었을 것이다. "우리 모두 처음엔 그렇게 생각하지만" 그러면서 모자를 뒤로 젖혔고, 그 아래 움푹 꺼진 레드 스컬의 진홍색 얼굴이 드러났다.

"모두 틀렸지요."

그 말과 함께, 레드 스컬은 그들을 이끌고 터널과 두 탑 사이를 통과해 의식을 지내는 성전으로 갔다. 성전은 잔해와 군데군데 파인 바위들 그리고 땅과 벽을 그을린 폭풍우와 번개 속에 놓여있었

lightning **scorched** the ground and walls. The **edge** ended in a sharp **cliff**, the bottom of which was too far down for Gamora to feel **comfortable** getting near to see.

The Red Skull's voice offered **advice**. "What you seek lies in front of you. As does what you fear."

Gamora was **confused**. Was he talking about the cliff? Or what lie at the **bottom**? Did he expect them to scale down? She found the entire situation frustrating. "What is this?"

"The price. Soul holds a special place among the Infinity Stones. You might say it has a certain **wisdom**." Gamora thought she might be hearing things, but she swore she had sensed a bit of coyness in the Red Skull's words.

"Tell me what it needs." Thanos had waited long enough.

"To ensure that whoever **possesses** it understands its power, the Stone **demands** a **sacrifice**."

"Of what?" Thanos looked around for any sign of

다. 가장자리는 날카로운 절벽으로 끝났고, 절벽의 바닥은 가모라가 편안하게 다가가 내려다보기엔 너무 먼 아래에 있었다.

레드 스컬의 목소리가 조언을 했다. "찾고 계신 것은 당신 앞에 있습니다. 두려워하시는 것도 있지요."

가모라는 혼란스러웠다. 그가 절벽에 대해서 말하는 걸까? 아니면 절벽 아래에 놓여있는 것에 대해 말하는 걸까? 그들이 절벽을 타고 내려가기를 그가 기대하고 있는 걸까? 그녀는 모든 상황이 답답했다. "그게 뭐죠?"

"대가이지요. 인피티니 스톤 중 소울 스톤은 특별한 위치에 있습니다. 어떤 지혜를 담고 있다고 하지요." 가모라는 자신이 환청을 들었을지도 모르지만, 레드 스컬의 말에서 약간의 죄책감을 감지했다고 확신할 수 있었다.

"뭘 필요로 하는지 말하거라." 타노스는 이미 충분히 기다렸다.

"스톤을 소유한 자가 누구든지 그 힘을 이해한다는 의미로 희생을 치러야 합니다."

"무슨 희생?" 타노스는 희생에 대한 어떤 표시가 있나 둘러보았

something to sacrifice. All he saw was the Red Skull and... Gamora. That's when he knew, even before the Skull answered.

The Skull confirmed it. "**In order to** take the Stone, you must lose that which you love. A **soul** for a soul."

Gamora began laughing. "All my life I dreamed of a day, a moment, when you got what you **deserved**. And I was always so disappointed." She stepped toward Thanos, looking him directly in the eye, fury in her eyes. "You kill and **torture** and you call it **mercy**." She gave a **bitter** laugh. "The universe has judged you. You asked it for a prize, and it told you no. You failed. And do you wanna know why? Because you have nothing. No one."

Thanos, tearing up, a war raging inside him between heart and mind. "No."

Gamora scoffed. "Really? Tears?"

The Red Skull's **haunting** voice echoed across the still land. "They're not for him."

Looking at Thanos, **realization** began to set in for

다. 그가 본 전부는 레드 스컬과… 가모라였다. 그는 스컬이 대답하기도 전에 그 의미를 알아차렸다.

스컬은 확실하게 해주었다. "스톤을 차지하기 위해서는 당신이 사랑하는 것을 포기해야 하지요. 소울 스톤과 맞바꿀 영혼 말입니다."

가모라가 웃기 시작했다. "내 평생을 당신이 자초한 일을 겪을 이 날을, 이 순간을 꿈꿔 왔어. 그리고 항상 실망만 했지." 그녀는 화가 난 눈으로 타노스의 눈을 똑바로 쳐다보며 그를 향해 걸음을 옮겼다. "당신은 죽이고 고문을 하면서, 그걸 자비라고 하지." 그녀가 쓴웃음을 지었다. "우주가 당신을 심판했어. 당신은 보상을 기대했겠지만, 우주는 아니라고 말한 거야. 당신은 실패했어. 왠지 알아? 당신에겐 아무도 없기 때문이야. 아무도."

타노스가 눈물을 흘렸고, 그의 심장과 마음 사이에서 맹렬히 싸움이 일어났다 "틀렸어."

가모라가 비웃었다. "진심이야? 눈물을?"

뇌리를 떠나지 않는 레드 스컬의 목소리가 고요한 땅을 가로질러 메아리쳤다. "자신을 위한 눈물이 아닙니다."

타노스를 바라본 가모라는 깨닫기 시작했다.

Gamora. He met her eyes as a tear fell from his own. As he walked forward, Gamora began to plead.

"No," she said, **shakily**. "This isn't love."

Gamora didn't realize her father had backed her to the edge of the ruins until it was too late. She reached for him and he grabbed her arm.

"I'm sorry, little one," Thanos **confessed**. Gamora's eyes widened as Thanos let go. She **tumbled** back over the cliff to the slate gray **slab** hundreds of feet below, landing like a broken **rag** doll.

With that, Thanos traded the soul he loved the most for the Soul he desired more than anything.

A bright white light flashed, **illuminating** the sky, blinding Thanos. The power of the Soul Stone was **released**. It surrounded him, forming into a glowing, **pure** white Stone in his hand.

The sacrifice had been **worth** it, he thought, **repeating** it until he believed it himself.

그는 눈물을 흘리며 그녀의 눈을 바라보았다. 그가 걸어오자 가모라는 애원하기 시작했다.

"아니야." 그녀는 떨리는 목소리로 말했다. "이건 사랑이 아니야."

그녀의 아버지가 자신을 폐허의 끝까지 뒷걸음질 치게 했다는 것을 가모라가 깨달은 순간, 이미 너무 늦었다. 그녀가 타노스에게 손을 뻗었고 그가 그녀의 팔을 잡았다.

"미안하구나, 딸아." 타노스가 고백했다. 타노스가 손을 놓자 가모라의 눈이 커졌다. 그녀는 절벽 넘어 수백 피트 아래에 있는 회색 석판으로 망가진 헝겊 인형처럼 굴러떨어졌다.

그것으로 타노스는 자신이 가장 사랑하는 영혼을 다른 무엇보다도 원하던 소울 스톤과 맞바꾸었다.

밝은 하얀 빛이 번쩍이며 하늘을 비추었고, 타노스의 시야를 가렸다. 소울 스톤의 힘이 풀려났다. 그의 손에 순백의 스톤이 있었고, 빛을 형성하며 그의 주변을 에워쌌다.

그는 그 희생이 그만한 가치가 있었다고 스스로 그렇게 믿을 때까지 되뇌었다.

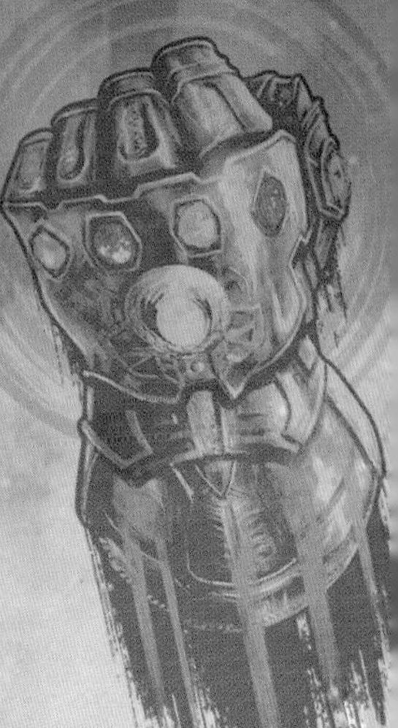

MARVEL
AVENGERS
INFINITY WAR

MARVEL
AVENGERS
INFINITY WAR

CHAPTER 9

워크북 p74

THE GREAT NATION of Wakanda, a **technological marvel** the world had never heard of until **recently**, had spent the past two days preparing for war. Not just any war, though. They had faced a war that threatened their own nation from within, but this threat could destroy more than just their nation—this was an intergalactic

어벤져스는 비전에게서 스톤을 분리하기 위해 첨단 과학 기술의 온상인 와칸다로 향합니다. 티찰라의 동생이자 천재 과학자인 슈리의 도움으로 스톤을 분리하는 작업을 하던 도중, 타노스의 군대가 와칸다에 쳐들어옵니다.

최근까지도 전 세계가 들어보지 못한 최첨단 기술을 가진 와칸다의 위대한 국민들은 지난 이틀을 전쟁 준비를 하며 보냈다. 하지만 그저 보통의 전쟁이 아니었다. 그들은 나라 안에서 자국민을 위협하는 전쟁에 직면해 왔지만, 이번 위협은 그들의 나라 그 이상을 파괴할 수 있었다. 이것은 수많은 생명체의 운명을 위기에 처하게 할 은하계 사이의 위협이었다.

threat with the **fate** of **trillions hanging in the balance**. And Wakanda was to be Ground Zero of the determining battle.

Even with those stakes, King T'Challa, **aka** the Black **Panther**, and his most trusted guard and **long-time** friend Okoye, managed to not break a sweat. It was simply not a part of the Wakandan way.

"When you said we were going to open Wakanda to the world, this is not what I expected," Okoye **muttered** under her breath as their guests arrived.

"And what did you **imagine**?" T'Challa asked, his **playful** smile **spreading**.

"The Olympics. Maybe even a Starbucks."

Instead, they were host to the Avengers, who had exited their Quinjet. Steve Rogers and T'Challa greeted each other warmly. ❶"It seems I'm always thanking you for something," Steve said with a brief smile. T'Challa nodded, an **unspoken bond** of **mutual respect** existed between the two men, **earned** on the field of battle. Now they stood on

그리고 와칸다는 결정적인 전투의 시작 지점이었다.

이러한 상황에서도, 블랙 팬서라고 불리는 티찰라 왕과 그가 가장 신뢰하는 경비병이자 오랜 친구인 오코예는 겁먹지 않으려고 애썼다. 그것은 와칸다인의 태도가 아니었다.

"와칸다를 세상에 개방한다고 하셨을 때 이런 일을 기대하진 않았어요." 오코예는 손님들이 도착하자 낮은 목소리로 중얼거렸다.

"그럼 뭘 상상했어?" 티찰라가 장난기 어린 미소를 지으며 물었다.

"올림픽요. 아니면 스타벅스나."

그 대신 그들은 퀸젯에서 내리는 어벤져스를 맞이했다. 스티브 로저스와 티찰라는 서로 따뜻하게 인사를 나누었다. "늘 신세를 지는 것 같네." 스티브가 잠시 미소를 지으며 말했다. 티찰라가 고개를 끄덕였고 두 남자 사이에는 전쟁터에서 얻은, 서로를 존중하는 무언의 유대감이 존재했다. 이제 그들은 그런 전쟁터에 또 한 번 서 있었다.

such a field once again.

"So, how big of an **assault** should we expect?" The warmness was still there, but the playful smile had long vanished from the king's face.

Bruce stepped forward. "Sir, I think you should expect quite a big assault.

T'Challa nodded, **calculating** in his mind. Black widow **surveyed** the land below the Golden Palace.

"You will have my Kingsguard, the Border Tribe, the Dora Milaje, and..." His voice **trailed off** as he noticed Steve Roger's gaze shift to something behind him. Someone.

"And a semi-stable 100 year-old man," said Bucky Barnes. The Winter Soldier's **prosthetic** arm was now **equipped** with Vibranium technology, **courtesy** of T'Challa. He looked well. More importantly, he looked calm—the questions and **uncertainty** that had **plagued** him for so long had been addressed by Wakanda's greatest minds and **meditation** practices. His brown eyes had

"그럼 공격 규모는 얼마로 예상해야 할까요?" 따뜻함은 그대로였지만, 장난기 어린 미소는 왕의 얼굴에서 사라진 지 오래였다.

브루스가 앞으로 걸어갔다. "폐하, 엄청난 규모를 예상해야 할 겁니다."

티찰라는 마음속으로 계산을 하며 고개를 끄덕였다. 블랙 위도우는 골든 팰리스 아래에 있는 땅을 살폈다.

"나의 친위대를 포함해 보더 부족, 도라 밀라제 그리고…." 그는 스티브 로저스의 시선이 자신 뒤에 있는 무언가로 옮겨진 것을 알아차렸고, 그의 목소리가 차츰 작아졌다. 누군가가 있었다.

"그리고 반쯤 미친 100살 노인까지." 버키 반즈가 말했다. 윈터 솔져의 의수에는 티찰라의 호의로 이제 비브라늄 기술이 장착되어 있었다. 그는 좋아 보였다. 더 중요한 것은 그가 침착해 보인다는 것이었다. 오랫동안 그를 괴롭혔던 질문들과 불확실한 상황은 와칸다에서 제일 위대한 지성들과 명상 훈련으로 해결되었다. 그의 갈색 눈동자가 그들에게 다시 한번 확신을 주었다.

a sense of **clarity** to them once more. They lit up as he approached his best friend.

Cap pulled his friend into a tight hug, a smile **stretched** across his face. "How you been, Buck?"

Bucky grinned back. "Not bad...for the end of the world."

Deep in the heart of Mount Bashenga was the central brain system of Wakandan **technology**—literally and **figuratively**. The Wakandan Design Group was responsible for what made Wakanda the most **advanced society** on the planet. The head of the group, a young girl who happened to be the Princess of Wakanda—Shuri, was responsible for practically every design. She was also the kid sister to King T'Challa.

"The structure is **polymorphic**," Shuri said to the assembled group of Avengers **huddled** in her lab. While she **examined** the Mind Stone's connection on Vision's head, Vision lay on a **surgical** table, **surrounded** by

그가 가장 친한 친구에게 다가갈 때 그의 두 눈이 빛났다.

캡의 얼굴에 미소가 번졌고, 친구를 꽉 껴안았다. "어떻게 지냈어, 벅?"

버키도 활짝 웃었다. "나쁘지 않아…. 세상이 끝난 것치곤."

바센가 산 중심부의 깊은 곳에는, 문자 그대로나 비유적으로나 와칸다 기술의 중앙 두뇌 조직이 있었다. 와칸다 디자인 그룹*은 와칸다를 이 행성에서 가장 진보된 집단으로 만드는 것을 책임지고 있었다. 이 그룹의 책임자이자 와칸다의 공주이기도 한 어린 소녀 슈리가 사실상 모든 과학적 설계를 맡고 있었다. 그녀는 티찰라 왕의 여동생이기도 했다.

"구조가 다형체네요." 슈리가 자신의 연구실에 모여 있는 어벤져스 팀원들에게 말했다. 브루스 배너와 슈리에게 둘러싸인 비전은 수술대에 누워 있었고, 슈리는 비전의 머리 위에서 마인드 스톤의 접속부를 살폈다.

---

* **와칸다 디자인 그룹** : 와칸다의 과학 부서

Bruce Banner and Shuri. She used a Kimoyo **bead** to **scan** the Mind Stone, projecting a **holographic** image of the **intricate pattern** the Stone had **woven** itself in Vision's brain.

Banner was trying to hide his awe at the young woman's genius...and his **envy** of the lab's technology. The scientist in him was in heaven, finally able to **contribute** to the fight in an active way.

"Why didn't you just reprogram the synapses to work **collectively**?" Shuri asked, as if it was the simplest of **processes**.

"Because we didn't think of it." Banner blushed.

Shuri grinned. "I'm sure you did your best."

Wanda took Vision's hand and looked **nervously** to Shuri. "Can you do it?"

The young genius looked around to all **assembled**. "It will take time."

"How long?" Steve asked, a promise in his voice that

그녀는 키모요 비즈*를 이용해 마인드 스톤을 스캔했고, 비전의 뇌에 엮인 스톤의 복잡한 패턴의 홀로그램 이미지를 비추었다.

배너는 그 소녀의 천재성에 대한 경외감… 그리고 연구실의 기술에 대한 부러움을 감추려고 애쓰고 있었다. 배너 안에 있는 과학자는 천국 같은 곳에 있었고, 마침내 적극적인 방법으로 전투에 기여할 수 있게 됐다.

"그냥 시냅스가 집단적으로 작동하도록 왜 재프로그램하지 않았죠?" 슈리는 마치 그것이 가장 간단한 과정인 것처럼 물었다.

"왜냐면… 그 생각을 못 했거든." 배너가 얼굴을 붉혔다.

슈리가 활짝 웃었다. "최선을 다하셨을 거라고 생각해요."

완다는 비전의 손을 잡고 긴장한 채로 슈리를 보았다. "할 수 있겠어요?"

그 어린 천재는 모여있는 사람들 모두를 둘러보았다. "시간이 걸릴 거예요."

"얼마나?" 스티브는 슈리에게 필요한 시간을 반드시 직접 보장

* **키모요 비즈** : 비브라늄 구슬을 엮어 만든 팔찌로 통신, 녹화 및 다양한 기능이 있다.

he would **ensure personally** that Shuri had the time she needed.

"As long as you can give me," she replied.

At that moment, Okoye's **bracelet** lit up. Tapping one of the Kimoyo beads, a holograph appeared. Her eyes steeled as she looked around the room.

"Something's entered the atmosphere."

The war had begun.

The shields above the Golden City—the **capital** of Wakanda—had held, despite the **multiple** ships Proxima Midnight had sent from her command ship to crash into it and **weaken** them.

A second **volley** of ships landed outside the dome, their sharp ends **piercing** the ground like **spikes**, causing the land around the dome to look as though it were under **siege** by an **armada** of multi-story square columns.

The **tremors** that followed were felt all over Wakanda and the trees began to **quake**. The **unmistakable** sound of

해 주겠다는 목소리로 물었다.

"가능한 한 많이요." 그녀가 대답했다.

그 순간 오코예의 팔찌가 밝아졌다. 키모요 비즈 중 하나를 톡톡 치자 홀로그램이 나타났다. 그녀가 방을 둘러봤을 때 그녀의 눈은 굳게 마음을 먹은 것처럼 보였다.

"뭔가가 대기권에 진입했어요."

전쟁이 시작되었다.

와칸다의 수도 골든 시티 위의 방패막은 지휘선에서 프록시마 미드나이트가 와칸다에 충돌시켜 방패막을 약하게 만들기 위해 보낸 여러 척의 우주선에도 불구하고 버티고 있었다.

우주선들의 두 번째 폭격은 돔 바깥에 상륙했고, 그들의 날카로운 끝이 못처럼 땅을 뚫어 돔 주위의 땅이 마치 여러 층의 사각기둥 함대에 포위된 것처럼 보이게 했다.

뒤따른 미진이 와칸다 전체에서 느껴졌고 나무들이 마구 흔들리기 시작했다. 진군 중임이 틀림없는 군대의 소리가 점점 가까워

an army on the march grew closer and closer.

"It's too late," Vision said to those in the lab. He began to climb off the table, his earlier plan seeming to be the most **logical** in his mind. "We need to destroy the Stone now."

"Vision, get back on the table," Black Widow **barked**.

"We will hold them off," **assured** Black Panther.

Everyone save Shuri, Vision, and the Scarlet Witch turned to leave. "Wanda, as soon as that Stone's out of his head, you blow it to hell," Cap said. He squeezed her shoulder for **moral support**.

"I will," she promised.

Black Panther turned to Okoye. "**Evacuate** the city. Engage all **defenses**," he ordered. Then, pointing to Steve Rodgers, he added, "And get this man a shield."

The heroes left to engage an enemy who far **outnumbered** them, but who they far **underestimated** them.

Thanos's army, led by Proxima Midnight and Cull

졌다.

"너무 늦었어요." 비전이 연구실에 있는 사람들에게 말했다. 그가 테이블에서 내려오려 했고, 그의 마음속에서는 자신의 이전 계획이 가장 논리적인 것 같았다. "지금 스톤을 파괴해야 합니다."

"비전, 테이블 위로 돌아가." 블랙 위도우가 소리치며 말했다.

"우리가 저들을 물리칠 거야." 블랙 팬서가 장담했다.

슈리와 비전, 스칼렛 위치를 제외한 모두가 떠나기 위해 몸을 돌렸다. "완다, 비전의 머리에서 스톤을 꺼내자마자 지옥으로 없애버려." 캡이 말했다. 그는 정신적으로 지지한다는 의미로 그녀의 어깨를 꽉 잡았다.

"그럴게." 그녀가 약속했다.

블랙 팬서는 오코예에게 몸을 돌렸다. "시민들을 도시에서 대피시키고 모든 방어시스템을 가동해." 그가 명령했다. 그런 다음 스티브 로저스를 가리키며 덧붙였다. "그리고 저자에겐 방패를 가져다줘."

영웅들은 그들보다 훨씬 많은 적과 싸우기 위해 떠났지만, 그들은 적을 훨씬 과소평가했다.

프록시마 미드나이트와 컬 옵시디언이 이끄는 타노스의 군대는

Obsidian, had not underestimated them. As the **tribes** of Wakanda, **united** under their King's Black Panther **banner**, stood **alongside** the Avengers, they watched in horror as thousands of Outriders—a race of four-armed, eyeless and **fanged humanoid** creatures—**clawed** at the domed barrier. They poured from the ships and threw themselves against the shield. They **climbed** on top of the bodies of the fallen and tried to force their way through the energy barrier, despite losing **limbs** and dying in the process.

When they first met on the field, T'Challa and Steve Rogers hoped for a quick **surrender**. Marching to the edge of the barrier with Black Widow and Bruce Banner—wearing the Hulkbuster **armor**—they faced Proxima Midnight and Cull Obsidian.

"Thanos will have that Stone," Proxima said, nodding in the direction of the Golden City Palace.

"That's not gonna happen," Steve swore.

T'Challa's commanding voice carried across so all

그들을 과소평가하지 않았다. 와칸다 부족으로서 그들의 왕 블랙 팬서 깃발 아래 단결해 어벤져스와 나란히 선 그들은 수천 마리의 아웃라이더들이 돔의 장벽을 할퀴는 것을 두려운 눈으로 바라보았다. 아웃라이더들은 팔이 네 개 달린 종족으로, 눈이 없고 송곳니가 난 인간 형태의 기계 생명체였다. 아웃라이더들이 우주선에서부터 쏟아져 나와 방패막에 몸을 던졌다. 그 과정에서 팔다리를 잃고 죽었지만, 쓰러진 몸 위로 올라가 에너지 장벽 사이로 강제로 밀고 들어가려 했다.

그들이 전장에서 처음 만났을 때, 티찰라와 스티브 로저스는 신속한 항복이 있길 바랐다. 헐크버스터 슈트를 입은 브루스 배너와 블랙 위도우는 장벽 끝으로 걸어가 프록시마 미드나이트와 컬 옵시디언을 마주했다.

"타노스 님이 스톤을 가져가실 거다." 프록시마는 골든 시티 팰리스 쪽으로 턱을 들어 가리키며 말했다.

"그럴 일은 없어." 스티브가 단언했다.

티찰라의 위엄 있는 목소리가 가로지르며 들려왔고 모두가 들을

could hear. “You are in Wakanda now. Thanos will have nothing but dust and **blood**.”

Proxima Midnight’s smile was **chilling**. “We have blood to spare.”

Keeping her word, the horde of Outriders **spilled** much of their own blood and were beginning to make progress in getting through the shield.

Okoye stared in horror, standing by Black Panther’s side. “They’re killing themselves.” What she couldn’t bring herself to say was that they were close to breaking through Wakanda’s defenses in their **suicide** runs.

Black Panther activated his comm., **hailing** his sister in the Wakandan Design Group lab. “How much longer, Shuri?”

Shuri looked to Vision on the lab and the holographic image of the millions of **neural pathways** she would have to go through with surgical **precision** to succeed in **extracting** the Mind Stone.

“I’ve barely begun, brother.” She tried to keep the

수 있었다. "너희들은 지금 와칸다에 있다. 타노스가 가져갈 건 그저 먼지와 피뿐이다."

프록시마 미드나이트의 미소는 오싹했다. "나눠줄 피는 얼마든지 있지."

아웃라이더 무리는 그녀가 한 말을 증명하듯, 많은 피를 흘렸고 방어막을 통과하는 데 점점 진전을 보이기 시작했다.

오코예는 블랙 팬서 옆에 서서 공포에 질린 눈으로 빤히 쳐다보았다. "자살하고 있어요." 그녀가 차마 말하지 못한 것은 그들이 수어사이드 런*으로 와칸다의 방어를 거의 뚫었다는 것이다.

블랙 팬서는 통신망을 작동시켜 와칸다 과학 부서 연구실에 있는 여동생을 불렀다. "얼마나 더 필요해, 슈리?"

슈리는 마인드 스톤을 성공적으로 추출하기 위해 외과적 정확성을 갖고 살펴야 하는 수백만 개의 신경 회로 홀로그램 이미지와 연구실에 있는 비전을 바라보았다.

"이제 막 시작했어, 오빠." 그녀는 목소리에 좌절감을 담지 않으

★ 수어사이드 런 : 계속해서 자신의 몸을 던져 적을 공격하는 행위

frustration out of her voice.

Surveying the **carnage** already building up, T'Challa encouraged his sister. ❷"You might want to pick up the pace."

Falcon and War Machine flew **reconnaissance** around the **interior** of the dome, laying ground cover from high above. Looking up at War Machine, Sam's eyes were wide in his goggles. "You see the teeth on those things?"

War Machine **banked** right and away from the Outrider **horde**. "All right, back up, Sam. You're gonna get your wings singed."

On the ground, Banner returned from bounding around the front **perimeter** in the Hulkbuster armor. His voice sounded **dire**. "Cap, if these things circle the perimeter and get behind us, there's nothing between them and Vision."

Cap lifted his arm to **block** the sun. One of the twin Vibranium shields that were now fastened to his **forearms** **shaded** his eyes as he surveyed the Outriders' progress.

려고 애썼다.

이미 커지고 있는 대학살을 보며, 티찰라는 여동생을 격려했다. "속도를 올리는 게 좋겠어."

팔콘과 워머신은 돔 내부 주위를 정찰 비행하며 높은 곳에서 지상을 엄호했다. 워머신을 올려다보며 샘의 눈은 고글 안에서 휘둥그레졌다. "저것들 이빨 봤어?"

워머신은 오른쪽으로 비스듬히 날았고 아웃라이더 무리로부터 떨어졌다. "좋아. 물러나, 샘. 날개에 불이 붙을지도 몰라."

지상에서는 헐크버스터 슈트 안에 있는 배너가 전방 주변 경계선에서 돌아왔다. 그의 목소리는 심각했다. "캡, 놈들이 전방을 돌아서 우리 뒤쪽으로 가면, 놈들과 비전 사이에 아무것도 없어."

캡이 팔을 들어 올려 햇빛을 막았다. 그가 양 팔뚝에 채워진 한 쌍의 비브라늄 방패 중 하나로 눈을 그늘지게 해 아웃라이더들의 진척 상황을 살폈다.

"Then we better keep them in front of us," he replied.

Okoye looked to her king. "How do we do that?"

T'Challa knew what Steve Rogers had meant when he advised they keep the army in front of them. He gave the order with a heavy heart, but **powerfully delivered**.

"We open the barrier." He spoke to Dome Control via his communications link. "On my signal, open North-West Section Seventeen.

M'Baku, leader of the Northern tribe, gaped. "This will be the end of Wakanda," he **predicted**.

Okoye stood taller. "Then it will be the **noblest** ending in history."

T'Challa raised his hand and Dome Control began to open North-West Section Seventeen. The Outriders immediately began to **pour** through the opening.

Joined by Bucky, M'Baku, Okoye, Black Widow, Banner, and Steve Rogers, T'Challa knew that if Wakanda had a chance at **survival**, it was with these allies—and their friends in the air—fighting by him and his people.

"그렇다면 놈들을 우리 앞에 잡아 둬야겠군." 그가 대답했다.

오코예는 왕을 바라보았다. "그걸 어떻게 하죠?"

티찰라는 스티브 로저스가 적군을 그들 앞에 두라고 알렸을 때 그 말이 무슨 의미인지 알았다. 그는 무거운 마음으로, 하지만 강하게 명령을 내렸다.

"장벽을 개방한다." 그가 통신 회선을 통해 돔 통제소에 말했다. "내가 신호를 하면 북서쪽 17구역을 열어라."

북부 부족의 우두머리인 움바쿠가 입을 딱 벌리고 바라보았다. "오늘이 와칸다가 멸망하는 날이 되겠군." 그가 예견했다.

오코예는 자신만만해 보였다. "그렇다면 역사상 가장 고결한 멸망이 되겠죠."

티찰라가 손을 들어 올리자, 돔 통제소는 북서쪽 17구역을 열기 시작했다. 아웃라이더들이 즉시 그 입구를 통해 쏟아져 들어오기 시작했다.

버키와 움바쿠, 오코예, 블랙 위도우, 배너, 스티브 로저스가 합류하며 티찰라는 와칸다가 살아남을 가능성이 있다면, 그와 그의 국민들 옆에서 싸우는 이 협력자들 그리고 공중에 있는 친구들과 함께일 것이라는 것을 알았다.

His mask formed around his head and Black Panther gave a **rallying** battle cry echoed by the thousands of Wakandans running into war with him.

"Wakanda forever!"

"There's too many of them!" Banner's voice broadcast to his fellow teammates, all of whom were experiencing the same situation since opening the gate.

The Outriders **proved** to be a singular-minded foe, swearing death to their enemies at any cost. Bucky, Steve and Black Panther fought in a **rotating** trio, but found themselves being pushed back further from the domed shield. They were **undeterred** by War Machine's bombs dropped from above. Black Widow and Okoye **slayed** as many as possible, covering each other's backs. A half-dozen overcame the Hulkbuster armor, blinding Banner inside.

Cull Obsidian and Proxima Midnight strolled through the battlefield, their eyes on Mount Bashenga, determined

마스크가 그의 머리를 감싸며 형성됐고, 블랙 팬서는 자신과 함께 전쟁에 뛰어든 수천 명의 와칸다인들에 의해 메아리친 전장 구호를 외쳤다.

"와칸다여 영원하라!"

"너무 많아!" 배너의 목소리가 동료들에게 전달되었고, 게이트가 열린 후 그들 모두 같은 상황을 겪고 있었다.

아웃라이더들은 어떤 희생을 치러서라도 적군을 죽이겠다는 일념을 가진 적이라는 것이 증명되었다. 버키와 스티브, 블랙 팬서는 3인조로 교대하며 싸웠지만, 돔 방어막에서 더 멀리 뒤로 밀렸다. 적들은 위에서 투하된 워머신의 폭탄에도 꿈쩍하지 않았다. 블랙 위도우와 오코예는 서로의 뒤를 엄호하며 최대한 많은 적을 죽였다. 여섯 마리가 헐크버스터 슈트를 제압해 그 안에 있는 배너의 눈을 가렸다.

컬 옵시디언과 프록시마 미드나이트는 바센가 산을 바라보며 전쟁터를 거닐었고, 타노스를 다시는 실망시키지 않겠다고 결심했

not to fail Thanos again. Their march was halted, however, by the most unexpected **occurrence**. The sky flashed bright white and crackled with **electricity** just as a dozen bolts of lightning hit the ground. The energy from the bolts tore through the Outriders, killing them instantly.

Freed from his alien **attackers**, Banner zoomed in on a figure in the sky and let out a cry of relief then began to laugh. High above, wielding an axe, was the God of Thunder himself: Thor!

"You guys are so screwed now!" Banner **whooped**.

Rocket and Groot hopped from the Bifrost-inspired bolt of lightening that had carried the three of them from light-years away back to Earth. Thor raised Stormbreaker and bellowed so all could hear. It was an order that chilled even Proxima Midnight and Cull Obsidian's blood.

"Bring me Thanos!"

As he stepped through the teleportation portal, Thanos instantly felt there was something…off. Not because he

다. 그러나 그들의 걸음은 그들이 절대 예상하지 못한 일로 인해 멈춰졌다. 마치 십여 개의 번개가 땅에 부딪치는 것처럼, 하늘이 밝은 백색으로 번쩍였고 전기가 치직하는 소리를 냈다. 번개에서 나온 에너지가 아웃라이더들을 뚫고 나가 순식간에 그들을 죽여버렸다.

외계 공격자들로부터 풀려난 배너는 하늘에 있는 형체를 자세히 보고는 안도의 비명을 지른 뒤 웃기 시작했다. 저 높은 곳에서 도끼를 휘두르는 자는 천둥의 신 토르였다!

"너희들은 이제 다 죽었어!" 배너가 소리를 질렀다.

로켓과 그루트는 몇 광년 떨어진 곳에서부터 세 사람을 운반해 지구로 온 바이프로스트에서 생긴 번개에서 껑충 뛰어내렸다. 토르는 스톰브레이커를 들어 올리며 모두가 들을 수 있게 소리를 질렀다. 프록시마 미드나이트와 컬 옵시디언 조차 간담이 서늘해지는 명령이었다.

"타노스를 데려와!"

타노스가 순간이동 포털을 통해 발을 내디딜 때 그는 무언가가… 잘못되었다는 것을 직감했다. 그가 타이탄에서 자랐고, 그곳

had been raised on Titan and lived there until its **eventual destruction**, but because Titan was still his home in some ways. And he sensed **intruders**. Looking to his left, he saw the remains of Ebony Maw's ship and his **suspicions** were confirmed. He spun at the sound of a sigh behind him.

"Oh yeah." Doctor Stephen Strange was seated on a set of broken stairs leading nowhere, **casually** taking in the sight of the foe that had hunted him across the galaxy. "You're much more of a Thanos."

Thanos gave a heavy look to the keeper of the Time Stone. "I take it that Maw is dead?" Strange nodded yes. "This day extracts a heavy **toll**," Thanos sighed deeply. "Still, he **accomplished** his mission."

"You may regret that," Strange **countered**, the Eye of Agamotto glowing green in the **presence** of its fellow Stones. "He brought you face to face with the Master of the Mystic Arts."

"And where do you think he brought you?" Thanos asked.

이 결국 파괴되기 전까지 살았기 때문이 아니라 타이탄은 어떤 면에서는 여전히 그의 고향이었기 때문이었다. 그리고 그는 침입자들을 감지했다. 왼쪽에 에보니 모의 우주선 잔해가 보였고 그의 심증이 확실해졌다. 뒤에서 들리는 한숨 소리에 그가 몸을 돌렸다.

"오, 그래." 닥터 스테판 스트레인지는 은하계를 가로질러 자신을 쫓아온 적을 무심하게 쳐다보며 아무 곳으로도 연결되지 않은 부서진 계단 위에 앉아있었다. "네가 훨씬 타노스 같군."

타노스는 타임 스톤을 지키는 자를 심각한 표정으로 쳐다보았다. "모는 죽었다고 이해하면 되나?" 스트레인지는 그렇다며 고개를 끄덕였다. "오늘 많은 희생을 치렀군." 타노스가 깊게 한숨을 쉬었다. "그래도 녀석이 임무를 완수했군."

"넌 후회하게 될 거야." 스트레인지가 반박했다. 다른 스톤들의 존재로 인해 아가모토의 눈이 초록빛으로 빛났다 "그가 널 마법 주술의 대가와 대결하게 했으니까."

"녀석이 널 어디로 데려왔다고 생각하는데?" 타노스가 물었다.

Doctor Strange decided to play along. "Let me guess… your home?"

Thanos looked around, a strange sadness crossing his face. "It was." He **clenched** the Gauntlet and the red of the Reality Stone lit bright. Suddenly Strange and Thanos were seated in the heart of the city when it was **thriving**. Bright skies, ships floating, a busy **metropolitan** mecca.

"And it was beautiful."

Strange tried to cover the awe that he felt in seeing the Reality Stone in use. Instead, he focused on Thanos, who was lost in the past that once more walked among him like ghosts.

"Titan was like most places. Too many mouths, not enough to go around." He sounded frustrated. "And when we faced **extinction**, I offered a solution."

"**Genocide**." Strange did not **mince** words.

"But **random**," Thanos agreed, to Strange's shock. "**Dispassionate**. Fair to rich and poor alike. They called me a madman." Thanos unflexed the Gauntlet and reality

닥터 스트레인지는 반응해주기로 했다. "생각해보자… 네 고향?"

타노스가 주변을 둘러볼 때 묘한 슬픔이 그의 얼굴을 스치고 지나갔다. "그랬었지." 그가 건틀렛을 꽉 움켜쥐자 리얼리티 스톤의 붉은 빛이 밝게 빛났다. 갑자기 스트레인지와 타노스는 번성하고 있는 도시의 중심부에 앉아 있었다. 밝은 하늘, 떠다니는 우주선들, 분주한 대도시의 메카.

"그리고 아주 아름다웠지."

스트레인지는 지금 사용되고 있는 리얼리티 스톤을 보며 느낀 경외감을 감추려 노력했다. 대신 그는 유령처럼 그 가운데를 지나가는, 과거에 빠져있는 타노스를 주시했다.

"타이탄도 다른 행성들과 비슷했지. 입은 많고, 모두에게 돌아갈 만큼 충분하진 않았다." 그는 좌절한 것 같았다. "우리가 종말에 직면했을 때 내가 해결책을 냈지."

"대학살 말이군." 스트레인지가 단도직입적으로 말했다.

"하지만 무작위로." 타노스는 스트레인지가 받은 충격을 인정했다. "감정에 좌우되지 않고 부자든 가난하든 공평하게. 다들 나를 미친놈이라고 불렀지." 타노스가 건틀렛을 풀자, 현실 세계가 타이

returned to Titan. "And what I predicted came to pass."

"Congratulations, you're a **prophet**," Strange said sarcastically.

"I'm a survivor."

"Who wants to murder **trillions**!"

Thanos lifted the Gauntlet and snapped. "With all six Stones, I could simply snap my fingers. They would all cease to exist." He looked at Strange as if the mystic would understand his **point of view** as well. "I call that mercy."

Strange nodded, interested in getting as much information from Thanos as possible. "And then what?"

Thanos sat on a massive broken **column** worn smooth over the years. "I'd finally rest and watch the sun rise on a grateful universe. The hardest choices **require** the strongest wills," he explained.

Strange gave a **wry** smile at that and said, ❸"I think you'll find our will equal to yours."

A look of surprise crossed Thanos' face as he leapt to his feet. "'Our'?"

탄으로 돌아왔다. "그리고 내가 예상한 대로 됐지."

"축하해. 예언자시네." 스트레인지가 비꼬듯이 말했다.

"나는 생존자다."

"수없이 많은 사람을 죽이려 하는 자이지!"

타노스가 건틀렛을 들어 올린 뒤 손가락을 튕겼다. "여섯 개의 스톤을 다 가지면, 이렇게 간단히 손가락만 튕겨도 모두 죽는다." 그는 마치 그 마법사가 자신의 생각을 이해할 것이라는 듯 스트레인지를 바라보았다. "난 그걸 자비라고 하지."

스트레인지는 타노스로부터 가능한 한 많은 정보를 얻는 것에 흥미를 보이며 고개를 끄덕였다. "그러곤 뭔데?"

타노스는 수년간 닳아 매끄러워진 거대한 부서진 기둥 위에 앉았다. "마침내 쉬는 거지. 고마운 우주에 떠오르는 태양을 바라보는 거야. 가장 어려운 선택엔 가장 강한 의지가 필요하거든." 그가 설명했다.

스트레인지는 그 말에 비꼬듯 웃으며 말했다. "우리의 의지도 네 의지만큼 강하다는 걸 알게 될 거다."

스트레인지가 벌떡 일어나자, 타노스의 얼굴에 놀란 표정이 스쳤다. "'우리?'"

On cue, the **combined** Guardians and Avengers attacked a shocked Thanos. Repulsor blasts, webs, magical swords and **ropes**, blasters, **daggers**, blow after blow to keep the Mad Titan off balance. Thanos **struggled**, hurling parts of broken buildings and ships through the air, but they heroes had planned for this.

"Boom," said Star-Lord flying **overhead**. Thanos looked up in time to see Quill wave goodbye and then an explosion rocked the ground beneath the Titan.

Strange, wielding a magical rope that was pulling Thanos' wrist back, ordered the Cloak of Levitation to attack as well. "Don't let him close his fist!" he ordered and the Cloak surrounded the Infinity Gauntlet.

As the heroes ganged up, they managed to bring Thanos down to one knee. A portal opened by his head and Spider-Man came flying out, fist first.

"Magic!" he exclaimed as he hit Thanos then vanished through another portal. A second pair of portals opened and Spidey flipped through, webbing Thanos' face and

때맞춰 가디언즈와 어벤져스가 합동해 깜짝 놀란 타노스를 공격했다. 미친 타이탄이 균형을 잃게 만들기 위해 리펄서 빔, 거미줄, 마술 검과 밧줄, 우주총, 단검을 연속으로 타격했다. 타노스는 부서진 건물과 우주선 조각들을 공중으로 던지며 분투했지만, 영웅들은 이러한 상황에 대해서도 계획을 세워놨다.

"펑." 머리 위로 날아가며 스타 로드가 말했다. 타노스가 위를 올려다보자 때맞춰 손을 흔들며 잘 가라고 인사하는 퀼이 보였고, 이후 폭발이 타이탄 아래의 지면을 뒤흔들었다.

스트레인지는 마법의 밧줄을 휘두르며 타노스의 손목을 뒤로 당기고 있는 레비테이션 망토에게도 공격을 하라고 지시했다. "놈이 주먹을 쥐지 못하게 해." 그가 명령했고 망토는 인피니티 건틀렛을 에워쌌다.

영웅들이 집단으로 공격해 간신히 타노스의 한쪽 무릎을 꿇게 했다. 타노스의 머리 옆에 포털이 열렸고 스파이더맨이 그곳에서 날아왔는데, 주먹이 먼저 나왔다.

"마법!" 그가 타노스를 타격하며 소리치고는 다른 포털을 통해 사라졌다. 두 번째 포털 한 쌍이 열렸고 스파이디가 그곳에서 튀어나와 타노스의 얼굴에 거미줄을 치고 당긴 뒤 사라지며 소리를 질

pulling as he disappeared, yelling, "More magic!"

A third pair opened and Spider-Man kicked Thanos, driving him **further** down. "Magic with a kick!"

Just as they thought they had him **subdued**, however, Thanos began to rally slightly. Quill and Iron Man fired up their blasters but Drax was too close, **pummeling** the man who had killed his family. As Thanos rose back to one knee, a single shot rang through the air, hitting him and knocking his feet from under him.

They turned to see Nebula racing in, a jetpack on her back. She grabbed a metal bar and swung it **savagely** across Thanos' head. He gave her a **snide** smile.

"Well, well," he muttered, visibly impressed.

"You should've killed me," she **sneered**.

Thanos barked back. "It would have been a waste of parts." Nebula stuck him across the face again without **hesitation**.

"Where's Gamora?" she demanded.

렀다. "또 마법!"

세 번째 포털 한 쌍이 열렸고 스파이더맨이 타노스를 걷어차며 그를 더 아래로 몰고 갔다. "마법의 발차기!"

그러나 그들이 타노스를 진압했다고 생각한 그때, 그가 조금씩 회복하기 시작했다. 퀼과 아이언맨이 우주총을 발사하려 했지만, 가족을 죽인 타노스를 계속해서 내리치고 있는 드랙스가 너무 가까이 있었다. 타노스가 다시 한쪽 무릎으로 일어서려 하는 순간, 공기를 가로질러 한 발의 총성이 울리며 그를 맞추고는 정강이를 쳤다.

그들이 몸을 돌리자 등에 제트팩*을 달고 달려오는 네뷸라가 보였다. 그녀가 금속 막대를 잡고 타노스의 머리에 무자비하게 휘둘렀다. 그는 비웃는 듯한 미소를 지었다.

"이런, 이런." 그는 눈에 띄게 감명받은 듯한 얼굴로 중얼거렸다.

"날 죽였어야지." 그녀가 비웃었다.

타노스가 큰소리로 대꾸했다. "부속 낭비였을 거다!" 네뷸라는 망설임 없이 그의 얼굴을 다시 찔렀다.

"가모라는 어디에 있어?" 그녀가 물었다.

★ **제트팩** : 신체에 착용하고 가스 또는 물을 뿜어내 하늘을 나는 1인용 비행 장치

Thanos' answer was a grunt as he struggled to break free. The energy rope, Spider-Man's webs, and a shackle of electricity courtesy of Iron Man all surrounded his hand.

They had him, which meant it was time for the most **critical** part of the attack. A portal opened above Thanos' head and Mantis dropped onto his shoulders, wrapping her long legs around his neck and placing her hands on his **temples**. He fought, but Mantis was able to **establish** an empathetic connection with Thanos.

His shoulders slumped as his eyes closed.

"Is he under? Don't let up," Iron Man ordered.

"Be quick. He is very strong," Mantis said, straining to maintain her hold on him.

Iron Man and Spider-Man grabbed the Gauntlet and began to pull. Drax pried each finger open as the Avengers yanked on the Gauntlet, but it wouldn't give.

Quill landed in front of Thanos, **gloating**. "I thought you'd be harder to catch. For the record, this was my plan," he **boasted**.

타노스가 벗어나기 위해 몸부림을 치며 대답을 끙끙대는 소리로 대신했다. 에너지 밧줄, 스파이더맨의 거미줄 그리고 아이언맨이 날린 전기 족쇄, 그 모두가 그의 손을 에워쌌다.

그들은 그를 잡았고, 그것은 이 공격에서 대단히 중요한 순간이라는 것을 의미했다. 타노스의 머리 위에서 포털이 열리자, 맨티스가 그의 어깨 위로 떨어져 그의 목 주변을 긴 다리로 감은 뒤 그의 관자놀이에 손을 얹었다. 타노스가 반격했지만, 맨티스는 타노스와 공감적 연결을 형성할 수 있었다.

그의 눈이 감기며 어깨가 축 처졌다.

"무의식 상태야? 일어나게 하지 마." 아이언맨이 명령했다.

"서둘러요. 너무 강해요." 맨티스가 그를 계속 잡고 있으려 안간힘을 쓰며 말했다.

아이언맨과 스파이더맨이 건틀렛을 잡고 당기기 시작했다. 드랙스는 어벤져스가 건틀렛을 잡아당길 때 손가락 하나하나를 비집어 열었지만, 소용이 없었다.

퀼은 흡족해하며 타노스 앞에 내려앉았다. "널 잡기 힘들 거라고 생각했지. 분명히 말하는데, 이건 내 작전이었어." 그가 자랑했다.

Thanos groaned, mentally trying to break free.

"Where's Gamora?" Quill demanded.

"Mu-mu-my Ga-Gamora..." Thanos croaked out. This only angered Peter Quill more.

"No! Where is she?"

Mantis began to **sway** on Thanos' shoulders, her face **contorting** in pain. "He is in anguish," she said.

"Good," Quill shot back.

Mantis shook her head. "He...he mourns."

Prying back a finger to help remove the Gauntlet, Drax **glared** at Thanos. "What does this monster have to mourn?"

"Gamora," spoke a **sorrowful** voice.

Quill turned to face Nebula, the speaker, **confusion** on his face. "What?"

Nebula explained without looking away from Thanos, examining his **expressions**, praying she was wrong while knowing she wasn't. "He took her to Vormir." She pointed to the white Stone, the newest **addition** to the Gauntlet.

타노스는 정신적으로 벗어나려고 애쓰며 신음했다.

“가모라는 어딨어?” 퀼이 따졌다.

“나, 나, 나의 가, 가모라다….” 타노스가 목이 쉰 듯 말했다. 그 말은 피터 퀼을 더 화나게 할 뿐이었다.

“아니야! 그녀는 어딨어?”

맨티스의 얼굴이 고통으로 일그러지며 타노스의 어깨 위에서 흔들리기 시작했다. “괴로워하고 있어요.” 그녀가 말했다.

“잘됐네.” 퀼이 쏘아붙였다.

맨티스는 고개를 저었다. “그… 그가 슬퍼해요.”

드랙스는 건틀렛을 빼는 것을 돕기 위해 손가락을 뒤로 들어 올리며 타노스를 노려보았다. “이 괴물이 슬퍼할 게 뭐가 있어?”

“가모라.” 슬픈 목소리가 말했다.

퀼은 그 말을 한 네뷸라에게 고개를 돌렸고, 그는 당혹스러운 얼굴이었다. “뭐라고?”

네뷸라는 자신이 틀리지 않았다는 것을 알면서도 틀리기를 기도하며, 타노스에게서 눈을 돌리지 않고 그의 표정을 살피며 설명했다. “놈이 보르미르로 가모라를 데리고 갔어.” 그녀는 건틀렛에 새로 추가된 흰색 스톤을 가리켰다. “놈이 소울 스톤을 가지고 왔는

"He came back with the Soul Stone..." her voice dropped to a whisper. "But she didn't."

At this, Peter felt his blood boil. Gamora had tried to warn him, but he didn't think anything like that was possible. The **dude** looked like a giant purple **clown** to Quill. [4] He had talked a big game and played **fancy** tricks when they faced off, but he had never **harmed** Gamora. She was his daughter, and from what she had told him, she was his favorite.

Stark, still trying to pry off the Gauntlet, saw Star-Lord's face flush. "Okay Quill, you gotta cool it right now, you understand? Don't engage. We almost got this off!"

But Quill was already in Thanos' face. "Tell me she's lying. Tell me you didn't do it!"

Thanos forced out the words, "I had to."

Peter **whipped** out his blaster and aimed it at Thanos' head, tears welling in his eyes. "No. No, you didn't." He slammed the blaster across Thanos' face, screaming, "NO YOU DIDN'T!"

데….” 그녀의 목소리는 속삭이듯 낮아졌다. “가모라는 돌아오지 않았어.”

이 말을 듣고 피터는 피가 끓는 것을 느꼈다. 가모라는 그에게 경고하려 애썼지만, 그는 그런 일이 가능하다고 생각하지 않았다. 퀼에게 그놈은 거대한 보라색 광대처럼 보였다. 그는 말만 그럴듯하게 했고, 그들이 대결했을 때 화려한 속임수로 속이기도 했지만, 절대로 가모라를 해친 적은 없었다. 그녀는 그의 딸이었고, 그녀가 퀼에게 한 말로 봐서 그녀는 타노스가 가장 좋아하는 사람이었다.

스타크는 계속해서 건틀렛을 비틀어 빼려고 노력하던 중 스타로드의 얼굴이 상기되는 것을 보았다. “퀼, 지금은 흥분을 가라앉혀야 해. 알겠어? 끼어들지 마. 거의 다 뺐다고!”

하지만 퀼은 이미 타노스의 얼굴 앞에 있었다. “맨티스가 거짓말을 하고 있다고 말해. 네가 그러지 않았다고 말해!”

타노스가 힘겹게 말을 꺼냈다. “그래야만 했다.”

피터는 그의 우주총을 잽싸게 꺼내 타노스의 머리에 총을 겨냥하며 눈물을 글썽였다. “아니, 아니야. 넌 그러지 않았어.” 그는 우주총으로 타노스의 얼굴을 세게 치며 외쳤다. “아니야, 넌 그러지 않았다고!”

It was the opening Thanos needed.

Thanos' eyes snapped open. The empathetic feedback caused Mantis to cry out as he brushed her off his shoulders like a bug.

"Oh, God..." Spider-Man saw Thanos stand and look at him next to Tony Stark and Drax, all three were pulling on the Gauntlet. With a single flex, the heroes lost their grips and were blasted back. The energy wave **rippled** out, knocking Doctor Strange and Peter Quill out as well.

Thanos looked to the sky, made a fist with the Gauntlet, and sent an energy blast high into the air. Iron Man was just regaining **consciousness** when he saw the action. Looking up, he paled.

It was the last thing he saw before the moon Thanos had **summoned** with the Infinity Stones crashed down around them.

타노스에게 필요한 기회였다.

타노스의 눈이 탁하고 떠졌다. 그가 맨티스를 어깨에서 벌레처럼 털어 냈고, 공감적인 반응은 맨티스를 소리 지르게 했다.

"오, 이런…." 스파이더맨은 타노스가 서서 토니 스타크와 드랙스 옆에 있는 자신을 바라보는 것을 보았고, 세 사람 모두 건틀렛을 당기는 중이었다. 그가 한 번 힘을 주자, 히어로들은 그들이 꽉 잡고 있던 것을 놓쳤고, 뒤로 내동댕이쳐졌다. 그 에너지 파동은 파급을 일으켜 닥터 스트레인지와 피터 퀼도 나가떨어지게 했다.

타노스가 하늘을 바라보며 건틀렛을 낀 손으로 주먹을 쥐었고, 에너지 빔을 허공 높이 쏘았다. 아이언맨이 그 행동을 보았을 때 그는 막 의식을 되찾고 있었다. 그가 위를 올려다보고는 새파랗게 질렸다.

그것이 타노스가 인피니티 스톤들로 소환한 달이 그들에게 충돌하기 전에 그가 마지막으로 본 것이었다.

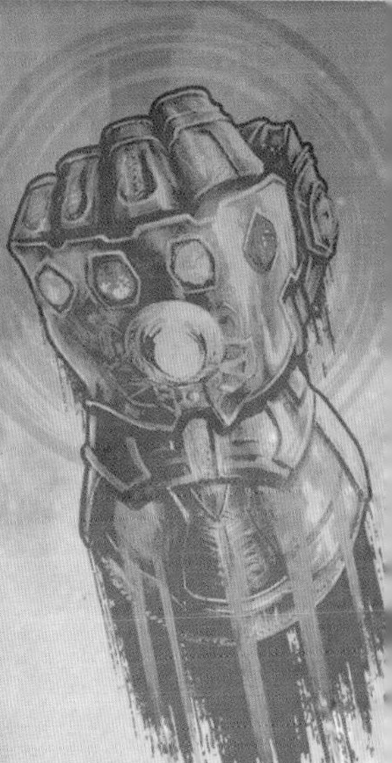

MARVEL
AVENGERS
INFINITY WAR

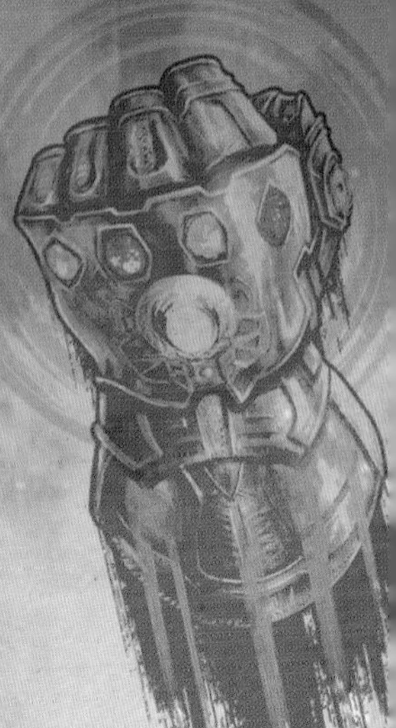

MARVEL
AVENGERS
INFINITY WAR

CHAPTER 10

워크북 p82

THOR'S ARRIVAL had bought the Avengers and the Wakandans some time, but Thanos' army had saved another **nasty** surprise: great war machines taller than the highest trees in the forest rolled out, spiked gears **mauling** everything in their way.

와칸다에서는 타노스의 군대와 어벤져스 멤버들의 치열한 전투가 계속 됩니다. 타이탄에서도 역시 타노스와의 전투가 벌어지지만, 타노스가 가진 스톤의 힘이 너무 막강해 영웅들이 모두 맥없이 무너집니다.

토르의 도착으로 어벤져스와 와칸다인들을 얼마간의 시간을 벌었지만, 타노스의 군대는 다른 끔찍한 깜짝 선물을 아껴두고 있었다. 숲에서 가장 큰 나무보다도 더 큰 엄청난 전쟁용 무기들이 굴러왔고, 스파이크가 박힌 무기들이 그들이 나아가는 길에 있는 모든 것을 공격했다.

From the tower above, Wanda had watched the battle unfold. She knew Shuri needed more time to remove the Mind Stone, and over the comms she heard Black Panther give the orders to **fall back**. Because of this, she had been able to tear one of the war machines that threatened to **tear apart** Okoye and Black Widow in two as they fled into the forest at the base of the mountain.

Okoye turned to Black Widow after seeing Scarlet Witch use her energy bolts to destroy the machine and asked, wide-eyed, "Why was she up there all this time?"

Across the **stream**, well hidden, Proxima Midnight spoke into her comm. "She's on the field. Take it."

In the lab, Shuri and her Dora Milaje guard, Ayo, were shocked at the sudden **entrance** of Corvus Glaive, who was **apparently** not dead after all. Ayo and Glaive's battle rang **throughout** the lab as Shuri worked twice as fast to try and **sever** the connections to the Mind Stone to Vision.

Deep down, Vision knew this was not their battle. This was his own unfinished business. So, when Corvus Glaive

타워 위에서 완다는 전투가 펼쳐지는 것을 지켜보았다. 그녀는 슈리가 마인드 스톤을 제거하기 위해 시간이 더 필요하다는 것을 알았고, 통신망 너머로 블랙 팬서가 후퇴하라고 명령을 하는 것을 들었다. 이 때문에 그녀는 오코예와 블랙 위도우가 산기슭의 숲으로 도망갈 때 둘을 반으로 찢어 버리려고 위협하는 전쟁 무기들 중 하나를 부숴버릴 수 있었다.

스칼렛 위치가 에너지 볼트를 사용해 무기를 파괴하는 것을 본 후 오코예는 눈이 휘둥그레졌고 블랙 위도우에게 고개를 돌려 물었다. "그녀가 왜 여태까지 저 위에 있었던 거죠?"

잘 가려진 개울 건너편에서, 프록시마 미드나이트가 통신망에 대고 말했다. "여자가 전장으로 나왔다. 스톤을 가지고 와라."

실험실에서 슈리와 도라 밀라제 경비 요원 아요는 결국은 명백히 죽지 않은 콜버스 글레이브의 갑작스러운 등장에 깜짝 놀랐다. 슈리가 두 배로 빠르게 마인드 스톤과 비전의 연결을 끊으려 시도하는 동안 아요와 글레이브가 싸우는 소리가 실험실 전체에 울렸다.

마음속으로 비전은 이것은 그들의 전투가 아니라는 것을 알았다. 이것은 자신이 끝내지 못한 스스로의 문제였다. 그래서 콜버스 글

made his way to Shuri after **overpowering** Ayo, Vision stood suddenly and tackled the lean alien. He **propelled** them to a window and the pair **crashed through**, falling to the ground below.

Using his long-range vision **goggles**, Falcon saw the duo's fall from across the battlefield. His **palms** instantly began to sweat.

"Guys," he radioed, ❶"we got a Vision situation here."

Steve was surrounded by Outriders, kicking and shield-**bashing** them at every turn. He yelled into his comm, "Somebody get to Vision!"

Banner answered that he had him, but was **intercepted** by Cull Obsidian while en route. The two engaged in a battle that sent **shock waves** across the battlefield as Banner used every weapon in the Hulkbuster's **arsenal**.

"This isn't gonna be like New York, pal," Banner warned. ❷"This suit's already kicked the crap outta the Hulk."

레이브가 아요를 제압한 후 슈리에게 향할 때 비전이 갑자기 일어서 그 호리호리한 외계인과 맞붙었다. 비전은 그를 창가로 몰고 갔고 둘은 창문을 뚫고 아래의 땅으로 떨어졌다.

팔콘은 원거리 영상 고글을 사용해 두 사람이 전장 건너편에서 떨어지는 것을 보았다. 그의 손바닥에서 즉시 땀이 나기 시작했다.

"친구들." 그가 무전을 했다. "비전에게 문제가 생겼어."

아웃라이더들에게 둘러싸인 스티브는 그들을 매번 발로 차며 방패 공격을 했다. 그가 통신망에 대고 소리쳤다. "누구든 비전한테 가!"

배너가 그를 맡겠다고 대답했지만 도중에 컬 옵시디언에게 가로막혔다. 그 둘은 교전을 시작했고 배너가 헐크버스터의 무기고에 있는 모든 무기를 사용해 전장으로 충격파를 보냈다.

"이번엔 뉴욕과는 다를 거다, 친구." 배너가 경고했다. "이 슈트로 이미 헐크도 흠씬 두들겨 패 줬었지."

Cull responded by using his mechanical hammer to smash one of the arms on the Hulkbuster armor, wrapping the chain around it. Cull pulled the armor off, but Banner reacted quickly and slid it onto Cull Obsidian's own arm.

Banner pressed a button and Culls eyes widened in alarm as the repulsor **ignited**.

"See ya!" Bruce waved. The Hulkbuster's repulsor carried Cull Obsidian high into the air until he **collided** with the domed shield. The alien exploded on impact.

Near the lab, the Scarlet Witch had also told Cap she would make her way to **rescue** her love and save the Mind Stone. Unfortunately, Proxima Midnight was in the mood for a **rematch** as well.

Joining forces with Okoye and Black Widow, the three heroes **fought** the **deadly** daughter of Thanos **to a** near **standstill** until Scarlet Witch heard a familiar sound approaching.

Wanda pushed her **allies** to the side of a deep **trench**

컬이 기계 망치로 헐크버스터 팔 주변에 사슬을 감싸 슈트의 팔 한쪽을 부수며 대응했다. 컬이 슈트를 끌어당겼지만 배너는 재빠르게 반응해 한쪽 팔을 컬 옵시디언의 팔로 미끄러지듯 넣었다.

배너가 버튼을 눌러 리펄서가 점화되자, 컬의 눈이 놀라서 커졌다.

“잘 가라.” 브루스가 손을 흔들었다. 헐크버스터의 리펄서는 컬이 돔형 방어막에 부딪칠 때까지 그를 하늘 높이 데려갔다. 그 외계인은 충돌하며 폭발했다.

연구실 근처에서 스칼렛 위치 역시 캡에게 자신의 연인을 구출하고 마인드 스톤을 구하러 가겠다고 말했다. 불행히도, 프록시마 미드나이트 역시 재대결을 할 생각이었다.

오코예와 블랙 위도우가 힘을 합쳐 세 히어로는 스칼렛 위치가 익숙한 소리가 다가오는 것을 들을 때까지 지독한 타노스의 딸과 거의 막상막하로 싸웠다.

완다가 조력자들을 땅의 깊은 구덩이 옆으로 밀어 넣었다. 그리

in the ground and used herself as **bait** to **lure** Proxima Midnight to stand in front of her. Red energy began to rise from her hands and one of the war machines rose from the ground behind her, **soared** over her head, and rolled over Proxima Midnight. All three women looked away as blue liquid **splattered** them.

"That was really gross," Black Widow sighed, **wiping** the alien blood from her arm.

It was **actually** Captain America himself who managed to reach Vision and tackle Corvus Glaive. Ordering Vision to run, Steve turned his attention to Glaive. The two **parried**, spear against shield, **hand-to-hand**, and **outright brawling**.

"I thought I told you to go," Steve gasped.

Bracing himself against a nearby tree **stump**, Vision gave a weak smile and repeated Steve's earlier words back to him.

"We don't trade lives, Captain."

고 스스로를 미끼로 사용해 프록시마 미드나이트를 유인하여 자신의 앞에 서게 했다. 완다의 손에서 붉은 에너지가 피어오르기 시작했고, 전투 무기 중 하나가 뒤에 있는 땅에서 올라와 머리 위로 치솟으며 프록시마 미드나이트를 가볍게 해치웠다. 파란 액체가 튀자 세 여자 모두 고개를 돌렸다.

"진짜 역겹네." 블랙 위도우가 팔에서 외계인의 피를 닦으며 한숨을 쉬었다.

가까스로 비전에게 가서 콜버스 글레이브과 맞붙은 사람은 캡틴 아메리카였다. 스티브는 비전에게 도망가라고 명령하며 글레이브에게로 주의를 돌렸다. 둘은 창을 방패로, 주먹을 주먹으로 막으며 전면전을 벌였다.

"내가 도망치라고 말했을 텐데." 스티브가 숨을 헐떡였다.

비전은 근처 나무 그루터기에 몸을 기대어 버티며 힘없이 미소를 짓고는 스티브가 앞서 자신에게 한 말을 되뇌었다.

"우린 생명을 거래하지 않습니다, 캡틴."

The moon had broken into **meteors** when Thanos pulled it from its orbit and brought it crashing onto Titan. The destruction had **ravaged** the remaining **gravitational** balance, not to mention the toll it took on the heroes that had faced Thanos.

Of everyone that had fought him, only Doctor Strange still stood **conscious**. With a circular motion, Strange cast a spell that encased Thanos in a crystal prison. Thanos smirked as he used the Reality and Power Stones to break the prison into a thousand shards and send them flying back at the Master of the Mystic Arts. Strange countered by creating a shield that turned the shards into a **multitude** of blue butterflies upon impact.

Quickly recovering, Strange cast a spell that **split** his image into dozens **identical** copies, each wielding Eldritch whips. They **struck** as one, hundreds of whips **entwining** Thanos from every angle.

Thanos, not **fooled**, gripped a single cord and yanked hard. All of the images collapsed back into one: Doctor

타노스가 달을 궤도로부터 끌어당겨 타이탄으로 충돌시켰을 때, 달이 유성으로 부서지기 시작했다. 그 파괴가 타노스에게 맞선 히어로들에게 타격을 준 것은 말할 것도 없고, 남아있는 중력의 균형 또한 파괴했다.

그와 싸운 모든 이들 중, 닥터 스트레인지만 여전히 의식이 있었다. 스트레인지는 원을 그리며 타노스를 크리스털 감옥에 가두는 주문을 걸었다. 타노스는 감옥을 천 개의 조각으로 부수기 위해 리얼리티 스톤과 파워 스톤을 사용하였고 마법 주술의 대가에게 되돌려 날려보내며 능글맞게 웃었다. 스트레인지는 충돌한 조각들을 수많은 파란색 나비로 바꾸는 방어막을 만들며 맞섰다.

재빨리 회복한 스트레인지는 자신의 모습을 수십 개의 똑같이 복사된 모습으로 나누는 주문을 걸었고, 각각의 모습들이 엘드리치 채찍을 휘둘렀다. 그들은 모든 각도에서 수백 개의 채찍으로 타노스를 휘감으며 하나가 되어 공격했다.

타노스는 속지 않았고, 줄 하나를 붙잡고 힘껏 잡아 당겼다. 모든 이미지들이 무너지더니 닥터 스트레인지의 진짜 모습 하나로 되돌

Strange's true form. The mystic kneeled, **stunned**.

"You're full of tricks, wizard," Thanos said, grabbing the **dazed** mystic by the neck. "Yet you never once used your greatest weapon."

His gaze turned to the Eye of Agamotto hanging around Strange's neck.

Thanos grabbed it and crushed the mystical **artifact** in his bare hand. The **amulet shattered** easily.

"A fake." Thanos smiled at Strange's **cleverness**.... for a moment. His eyes **hardened** and he **flung** Doctor Strange into a pile of rubble. Walking to him, Thanos raised the Guantlet and aimed it at Strange's head, only to find something blaze past and stick to the palm, making it **impossible** to close.

❸"You throw another moon at me and I'm gonna lose it." Iron Man said, hovering in the air.

"Stark," Thanos growled.

Iron Man was taken aback for a moment. "You know me?"

아왔다. 마법사는 망연자실해하며 무릎을 꿇었다.

"속임수로 가득차 있군, 마법사." 타노스가 멍해진 마법사의 목을 잡아채며 말했다. "그렇지만 너의 가장 강력한 무기는 단 한 번도 사용하지 않는군."

그의 시선이 스트레인지의 목에 걸린 아가모토의 눈으로 향했다.

타노스가 그것을 잡고는 그 신비로운 공예품을 맨손으로 뭉갰다. 그 부적은 쉽게 산산이 부서졌다.

"가짜잖아." 타노스가 아주 잠시… 스트레인지의 영리함에 미소를 지었다. 그의 눈이 험악해졌고 그가 돌무더기가 쌓인 곳으로 닥터 스트레인지를 내던졌다. 타노스는 그에게 걸어가 건틀렛을 들어올려 스트레인지의 머리에 겨냥했는데, 어떤 번쩍이는 것이 지나가더니 그의 손바닥에 달라붙어 손을 오므리지 못하게 만들었다.

"또 내게 달을 던지면 정말 참지 않을 거야." 아이언맨이 공중을 맴돌며 말했다.

"스타크." 타노스가 으르렁거리며 말했다.

아이언맨은 순간 깜짝 놀랐다. "날 알아?"

"I do. You're not the only one **cursed** with knowledge."

Apparently, Tony thought, he had been **haunting** the Titan's thoughts for the past six years as well. That gave him a slight bit of joy. "My only curse is you."

With that, Iron Man's shoulder missile **launchers** rose, clicked into place and fired. Thanos blocked them all with the Gauntlet's power.

"Come on!" Thanos challenged, crushing the device that briefly **inhibited** the Gauntlet.

But for every missile landed, every beam fired and blocked, every punch countered, Thanos **outmatched** Iron Man. With the power of the Stones he was too much for one person. Slowly, painfully, Tony's nanite suit was **stripped** away or torn apart by the Infinity Stones.

In **a last ditch effort**, he formed a sword and swung it at Thanos. It connected with his cheek, making a slight cut. Thanos shoved Tony back and reached up to his face. Pulling his finger away, there was blood on the tip.

"그래. 지식의 저주에 빠진 건 너뿐만이 아니다."

명백히, 그 역시 지난 6년 동안 타이탄의 생각으로 괴로워했다고 토니는 생각했다. 그 사실은 그에게 약간의 희열을 주었다. "내 유일한 저주는 너야."

그 말과 함께, 아이언맨의 어깨 미사일 발사 장치가 올라왔고 자리에서 찰칵하는 소리를 내고 발사됐다. 타노스가 건틀렛의 힘으로 그 미사일을 모두 막았다.

"와라!" 타노스는 건틀렛을 잠시 억제하고 있던 장치를 부수며 맞섰다.

모든 미사일이 땅에 떨어지고, 모든 빔이 발사된 후 차단되고, 모든 주먹질에 반격함으로써 타노스는 아이언맨보다 한수 위였다. 스톤의 힘을 가진 그는 한 사람이 감당하기에는 너무 강했다. 천천히 그리고 고통스럽게, 토니의 나노 기기 슈트가 인피니티 스톤에 의해 벗겨지고 갈가리 찢겼다.

토니는 필사적인 노력으로 칼을 만들어내 타노스를 향해 휘둘렀다. 칼이 타노스의 뺨에 타격을 가해 살짝 베었다. 타노스는 토니를 뒤로 밀친 뒤 얼굴에 손을 올렸다. 손을 떼자 손가락 끝에 피가 묻어있었다.

"All that for a drop of blood," Thanos mused. The Titan swatted Iron Man's sword away and began pummeling him in the face **brutally**. Tony reached for the sword and barely gripped it before Thanos realized what he was doing. The villain grabbed the sword and jabbed it into Tony's side, twisting it for added pain.

Stark fell to his knees. Thanos placed his Gauntleted hand on top of Stark's head. "You have my respect, Stark. When I'm done, half of **humanity** will still be alive." Tony stifled a **moan** of pain.

"I hope they remember you." Thanos's Gauntlet began to light when a voice cried out.

"Stop."

Pulling himself from the rubble, Stephen Strange struggled to sit up. "Spare his life and I will give you the Stone."

❹This came as a shock to both Tony and Thanos.

"No tricks," demanded Thanos.

Tony **coughed**. "Don't." A little blood spat out from

"그 모든 게 고작 피 한 방울을 위한 거였군." 타노스는 혼잣말을 했다. 타이탄은 아이언맨의 칼을 다른 곳으로 쳐냈고, 토니의 얼굴을 잔인하게 계속 때리기 시작했다. 토니는 자신이 무엇을 하려는지 타노스가 알아차리기 전에 검을 잡으려 손을 뻗었고 간신히 검을 움켜쥐었다. 악당은 그 검을 쥐어 토니의 옆구리에 찔렀고, 고통을 가중시키려 검을 비틀었다.

스타크는 무릎을 꿇었다. 타노스는 건틀렛을 낀 손을 스타크의 머리 위에 올렸다. "존경한다, 스타크. 내가 이 일을 마쳤을 때 인류의 절반은 여전히 살아 있을 텐데." 토니는 고통에 찬 신음소리를 억눌렀다.

"그들이 널 기억하길 바라마." 타노스의 목소리가 울리자 그의 건틀렛이 빛나기 시작했다.

"그만둬."

스티븐 스트레인지는 잔해더미에서 몸을 끌어당기며 바로 앉으려 안간힘을 썼다. "그자의 목숨을 살려주면 스톤을 주겠다."

이 말은 토니와 타노스 모두에게 충격이었다.

"속임수는 아니겠지." 타노스가 물었다.

토니는 기침을 했다. "그러지 마". 그의 입에서 피가 나왔다.

his mouth. If he pushed it, the internal bleeding would kill Stark.

Strange gave his ally a knowing look before gazing to the heavens. He reached up and appeared to **pinch** a star in the distance. Instantly, it grew and began to glow emerald. The Time Stone, hidden the whole time in plain sight.

The Stone flew from Strange's hand into Thanos'. He gently held it above the knuckle piece in the Gauntlet and dropped it in. With a rush of energy, the power of the five Stones washed over Thanos. He **breathed** it **in** and then looked down at the **sole** empty spot on the glove.

❺ "One to go," Thanos said and vanished. Just then Peter Quill rounded the corner, firing his blaster into the space Thanos had just **occupied**.

"Where is he?" Quill **panted**. Looking around, he saw that Thanos was nowhere to be seen. "Did we just lose?"

Stark pulled the blade from his side, **muffling** his cry of pain. Nanites quickly began to **stitch** the wound, but

그가 검을 밀어내면 내부의 출혈이 스타크를 죽일 것이다.

스트레인지는 하늘을 바라보기 전, 그의 협력자에게 다 안다는 듯한 표정을 지었다. 그가 손을 위로 뻗었고 저 멀리 있는 별을 꼬집는 것처럼 보였다. 그 순간, 그것이 커지며 에메랄드 색으로 빛나기 시작했다. 타임 스톤은 줄곧 뻔히 보이는 곳에 숨겨져 있었다.

스톤이 스트레인지의 손에서 타노스 손으로 날아갔다. 그가 조심스럽게 건틀렛의 손가락 관절 위에 스톤을 대고 떨어뜨렸다. 다섯 개 스톤의 힘이 솟구치는 에너지로 타노스에게 밀려왔다. 그는 그것을 들이마신 다음, 장갑 위에 있는 단 하나의 빈자리를 내려다보았다.

"하나 남았군." 타노스가 말하고는 사라졌다. 바로 그때 피터 퀼이 모퉁이를 돌며 타노스가 방금까지 있었던 공간에 우주총을 발사했다.

"그놈은 어딨어?" 퀼이 숨을 헐떡였다. 그가 주위를 둘러봤지만, 타노스는 어디에도 보이지 않았다. "우리가 진 거야?"

스타크는 고통스러운 비명을 참으며 옆구리에서 칼날을 뽑았다. 나노 기기가 재빨리 그 상처를 꿰매기 시작했지만 그는 여전히 위

he was still in critical condition. Nonetheless, he stared at Strange in disbelief. The Keeper of the Stone had traded it…for Stark's life?!

"Why? Why would you do that?" Tony was **baffled**, but Strange's look in return was one of resolve as he answered.

❻ "We are in the **endgame** now."

독한 상태였다. 그럼에도 불구하고 그는 믿기지 않다는 듯 스트레인지를 빤히 쳐다보았다. 스톤키퍼가 스톤을 스타크의 목숨과… 맞바꾼 건가?!

"왜? 왜 그랬어?" 토니는 도저히 이해할 수 없었지만, 스트레인지가 대답을 하며 보낸 표정은 단호한 의지였다.

"이제 최종 단계에 들어선 거야."

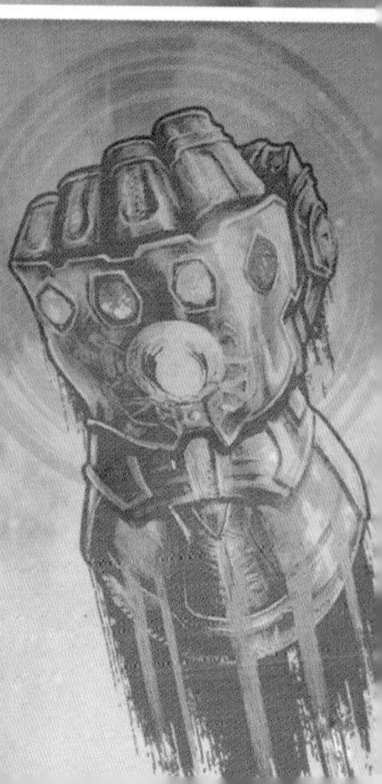

MARVEL
AVENGERS
INFINITY WAR

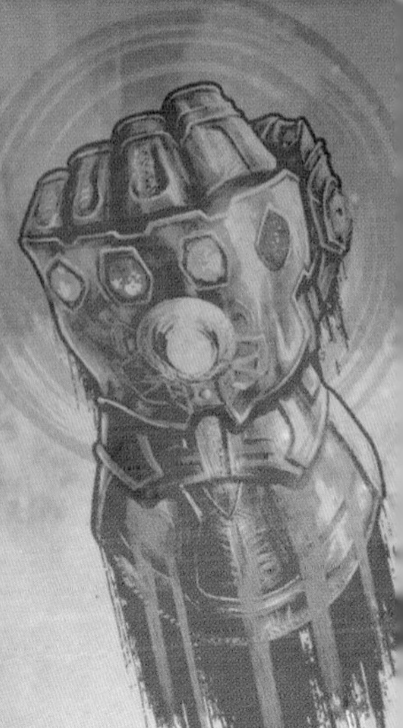

MARVEL
AVENGERS
INFINITY WAR

CHAPTER 11

워크북 p87

WITH THEIR LEADERS defeated, the Outriders were quickly rounded up and destroyed by the Wakandans and the Avengers. Thor flew across the fields of battle wielding Stormbreaker, **cleansing** the land with lightning.

In the forest **clearing**, Vision was struggling to stand. Wanda helped him to his feet.

마침내 마지막 스톤을 획득하기 위해 타노스가 지구에 나타납니다. 어벤져스가 타노스에게 덤벼들어 공격하지만, 타노스는 그가 가지고 있는 스톤으로 단번에 그들 모두를 제압합니다.

그들의 리더들이 패배하자, 아웃라이더들은 빠르게 한데 모아져 와칸다인들과 어벤져스에게 파괴되었다. 토르는 스톰브레이커를 휘두르며 전장을 가로질러 날아가 번개로 땅에 있는 이들을 제거했다.

숲속 빈터에서 비전은 일어서려고 안간힘을 쓰고 있었다. 완다가 그를 일으켜 주었다.

"Are you okay?" she asked.

Vision **winced**, touching the Mind Stone. "He's here," was the only answer Vision could give.

Steve Rogers, **alerted** by Vision's words, spoke into his comm. "Everyone on my position. We have **incoming**."

The air was **eerily** still. After the largest-scale battle Earth had seen in a single day **in decades**, the **silence** was **deafening**. Black Widow, Falcon, T'Challa, Okoye, and Banner all made their way to Steve's position.

An **unearthly movement** in the air caught Natasha's gaze. "What the hell?" Black **smoke** appeared from what looked like a tear in the middle of the air. Through it stepped the **massive** Titan Thanos. Banner's breath caught in his throat.

"Cap. That's him."

That was all the **confirmation** Steve needed. "Eyes up. Stay sharp."

Banner **leapt** to attack but Thanos used the power of the Stones to cause Bruce to **pass through** him then phase

"괜찮아?" 그녀가 물었다.

마인드 스톤에 손을 댄 비전이 움찔하고 놀랐다. "그가 왔어." 비전이 할 수 있는 유일한 대답이었다.

스티브 로저스는 비전의 말에 경계하며 통신망에 대고 말했다. "전부 내 위치로. 뭔가가 접근하고 있어."

공기는 으스스할 정도로 고요했다. 수십 년 만에 지구에 일어난 엄청난 규모의 전투가 단 하루 만에 벌어진 이후, 이 정적은 귀를 먹먹하게 만들었다. 블랙 위도우와 팔콘, 티찰라, 오코예 그리고 배너 모두 스티브가 있는 곳으로 갔다.

하늘에 나타난 기이한 움직임이 나타샤의 시선을 사로잡았다. "뭐지?" 검은 연기가 허공 한가운데 구멍처럼 보이는 것에서 나타났다. 거대한 타이탄 타노스가 그곳에서 나왔다. 배너의 숨이 턱 막혔다.

"캡, 저놈이야."

그것이 스티브가 확인하고 싶었던 전부였다. "정신 바짝 차려. 긴장해."

배너가 공격하려 뛰어올랐지만, 타노스는 스톤의 힘을 사용해 브루스가 자신을 통과하게 만든 다음, 뒤에 있는 바위벽에 들어가게

into the rock wall behind Thanos.

After that, one at a time the heroes **rushed** Thanos only to be **tossed aside** or blown back by an energy wave. Vision saw all of this and knew what must be done. He only hoped Wanda could trust him.

"Wanda, they can't stop him, but we can."

"No." Her voice **quivered** with **sorrow**.

"Look at me," Vision said. "You have the power to destroy the Stone. You must do it. We are out of time."

Wanda shook her head. "I can't."

Vision lifted her hand and placed it on his forehead. "If he gets the Stone, half the universe dies." He looked deep in her eyes. "It's all right. You could never hurt me."

With a swirl of energy, Wanda began to use her powers to destroy the Stone. It would take time to shatter it, but her heart was already breaking.

Thanos was still using the power of the Gauntlet to stop the Avengers. Bucky, Okoye, Widow, everyone rushed him or fired upon him only to have their weapons **halted**

했다.

그 후 영웅들이 차례로 타노스에게 덤벼들지만, 에너지 파동에 의해 내던져지거나 뒤로 날아갈 뿐이었다. 비전은 이 모든 것을 바라보며 무엇을 해야 할지 깨달았다. 단지 완다가 자신을 믿어 주길 바랄 뿐이었다.

"완다, 저들은 놈을 막을 수 없지만 우린 할 수 있어."

"안 돼." 그녀의 목소리가 슬픔으로 떨렸다.

"나를 봐." 비전이 말했다. "넌 스톤을 파괴할 힘을 가지고 있어. 네가 꼭 해야 해. 시간이 없어."

완다가 고개를 저었다. "난 못 해."

비전은 그녀의 손을 들어 자신의 이마에 가져다 댔다. "놈이 스톤을 가지면 우주의 절반이 죽어." 그가 그녀의 눈을 깊이 들여다보았다. "괜찮아. 넌 절대 나를 다치게 할 수 없어."

스톤을 파괴하기 위해 완다가 에너지 소용돌이를 만들며 초능력을 사용하기 시작했다. 스톤을 부수는 데는 시간이 걸리겠지만, 그녀의 마음은 이미 부서지고 있었다.

타노스는 어벤져스를 막기 위해 여전히 건틀렛의 힘을 사용하고 있었다. 버키와 오코예, 위도우 모두 그에게 달려들거나 사격했지만, 그들의 무기가 작동을 멈추거나 그들에게 다시 돌아갈 뿐

or turned back on them.

Steve Rogers ran at Thanos from behind and slid on his knees, hitting the Titan in the leg. [1]Thanos was surprised someone actually landed a blow. He lifted his Gauntleted hand, made a fist and swung down to crush the **nuisance** before him. To his shock, Steve Rogers caught the fist in both hands, stopping it. **Teeth gritting**, he pushed back at Thanos. Even the villain was impressed... before landing a blow with his other fist that sent Steve flying.

The Scarlet Witch's powers were causing the Mind Stone to finally **crack** slightly. She heard Thanos approach and split her focus, blasting Thanos with one hand while **intent on** destroying the Stone with energy from the other.

Wanda threw up an energy **barrier** that bought them enough time for her to focus on Vision. The final moments were at hand and they both knew it.

"It's all right," he said, **encouragingly**. Wanda poured all of her energy into destroying the Mind Stone. "It's all right," Vision repeated.

이었다.

스티브 로저스가 뒤에서 타노스에게로 달려갔고 무릎 꿇은 채 미끄러져 그 타이탄의 다리를 쳤다. 타노스는 누군가가 실제로 타격을 해서 놀랐다. 그가 건틀렛을 낀 손을 들어 주먹을 쥐고 아래로 휘둘러 앞에 있는 성가신 그를 짓눌렀다. 놀랍게도 스티브 로저스가 그 주먹을 양손으로 잡아 막아냈다. 그가 이를 악물며 타노스 쪽으로 다시 밀었다. 악당조차 깊은 인상을 받았다…. 다른 주먹으로 타격하여 스티브를 날려 보내기 전까지는 말이다.

마침내 스칼렛 위치의 힘이 마인드 스톤을 살짝 금이 가게 했다. 그녀는 타노스가 접근하는 소리를 듣고는 주의를 분산시켜 한 손으로는 타노스에게 공격을, 다른 한 손의 에너지로는 스톤을 파괴하는데 몰두했다.

완다는 서둘러 비전에게 집중할 충분한 시간을 벌어 줄 에너지 장벽을 만들었다. 마지막 순간이 가까워졌고 그들 둘 다 그것을 알고 있었다.

"괜찮아." 그가 격려하듯 말했다. 완다는 마인드 스톤을 파괴하는 데 모든 에너지를 쏟아부었다. "괜찮아." 비전이 다시 말했다.

Outside the barrier, Thanos bashed the energy field with the Gauntlet, but it barely **dented**. He had come so far and the final piece was **slipping through his fingers** before him.

The Mind Stone began to crackle suddenly, finally reaching critical damage. Vision looked to Wanda, smiling. "I love you."

With that, the Mind Stone shattered and yellow energy shot out and **washed over** everyone. Vision collapsed, his entire body **ashen** gray. Wanda threw herself over his body and wept.

❷"I understand, my child," came Thanos' voice as he approached. "Better than anyone."

Wanda's eyes **flared**. "You could never!"

To her surprise, Thanos looked softly at her. "Today I lost more than you can know." He walked to stand beside her and the lifeless body of Vision. "But now is no time to **mourn**. Now is no time at all."

장벽 밖에서 타노스가 건틀렛으로 에너지 장을 세게 쳤지만, 에너지 장은 거의 파이지 않았다. 그는 여기까지 잘 해왔고 마지막 한 조각이 바로 앞에서 사라지고 있었다.

마인드 스톤이 갑자기 치직 소리내기 시작했고, 마침내 치명적인 손상에 이르렀다. 비전은 완다를 보며 미소 지었다. "사랑해."

그 말과 함께 마인드 스톤이 산산이 조각났고 노란색 에너지가 뿜어져 나와 모두를 엄습했다. 비전이 쓰러졌고, 그의 온몸이 잿빛으로 변했다. 그의 위로 몸을 던지며 완다가 눈물을 흘렸다.

"이해한다, 내 아이야." 타노스가 다가오자 그의 목소리가 들렸다. "누구보다도 더."

완다의 눈이 타올랐다. "넌 절대 이해 못해!"

놀랍게도 타노스가 그녀를 부드럽게 바라보았다. "오늘 난 네가 아는 것보다 더 많은 것을 잃었다." 그는 그녀와 생명이 없는 비전의 옆으로 걸어와서 섰다. "하지만 지금은 슬퍼할 때가 아니다. 지금은 그럴 때가 절대 아니지."

Forming a fist with the Gauntlet, a magical ring appeared around Thanos' wrist. He had activated the Time Stone, **reversing** time. Wanda weeping, the destruction of the Stone, Vision's **declaration** of love, all played back in reverse until Vision stood before him, Mind Stone intact and on his forehead.

"No!" Wanda screamed, but she was blasted across the clearing by Thanos.

The Titan faced Vision and gripped him by the throat. He lifted him and pried out the Mind Stone from his forehead. Vision's forehead crumbled and his body went **limp**. Thanos threw him aside.

Holding the Mind Stone above the final **bezel** over the **vacant** knuckle of the Infinity Gauntlet, Thanos dropped it into place. Instantly, **cosmic** energy that had not been in a single place since before the Big Bang washed over him and **coursed** through him. He arched his back and **bellowed**.

He raised his fist and the energy began to **dissipate**.

건틀렛을 낀 채 주먹을 쥐자 타노스의 손목에 마법의 고리가 나타났다. 그가 타임 스톤을 작동시켜 시간을 거꾸로 돌렸다. 울고 있는 완다, 스톤의 파괴, 비전의 사랑 맹세, 그 모든 것이 이마에 온전한 마인드 스톤이 있는 비전이 타노스의 앞에 설 때까지 거꾸로 되돌려졌다.

"안 돼!" 완다가 소리쳤지만, 그녀는 타노스에 의해 숲속 빈터를 가로지르며 내쳐졌다.

타이탄은 비전을 마주 보곤 그의 목을 움켜잡았다. 타노스가 그를 들어 올려 이마에서 마인드 스톤을 빼냈다. 비전의 이마가 바스러졌고 그의 몸은 축 늘어졌다. 타노스가 그를 한쪽으로 내던졌다.

타노스는 마인드 스톤을 인피니티 건틀렛의 비어있는 손가락 관절 위 마지막 홈 위에 들고는 그곳에 떨어뜨렸다. 그 즉시, 빅뱅이 있기 전 이후로는 어떤 장소에서는 없었던 어마어마한 에너지가 그에게 밀려들어 와 빠르게 흘렀다. 그가 몸을 아치형으로 굽히더니 소리를 질렀다.

그가 주먹을 들자 에너지가 사라지기 시작했다.

All six Stone were **pulsating** in **unison** now. He stared at them, so **transfixed** he never saw the lightning bolt aimed for his chest hit him square in the center, sending him tumbling and crashing over trees.

Thor appeared and raised Stormbreaker. Before Thanos could react, Thor hurled Stormbreaker end over end until it found its mark in Thanos' chest, **embedding** there with a **dull** thud.

Thor walked to the Titan, who was struggling to find breath.

"I told you you'd die for this." Thor pushed Stormbreaker deeper into Thanos' chest, causing him to stifle a cry of pain.

Panting for air, Thanos met Thor's gaze and smiled, **privy to** a joke only he knew the punchline to.

"You … should have … you should have gone for the head." Thanos gasped out as he raised his hand. Thor saw the Infinity Gauntlet on it, all six Stones glowing. Thanos

여섯 개의 스톤은 이제 모두 조화를 이루며 진동하고 있었다. 그가 그 스톤들을 응시했고 너무 사로잡힌 나머지, 그의 가슴을 겨냥한 번갯불이 가슴 중앙에 정면으로 부딪쳐 그를 쓰러뜨리고는 나무에 충돌하게 할 것을 전혀 알지 못했다.

토르가 나타나 스톰브레이커를 들어 올렸다. 타노스가 반응하기도 전에 토르는 스톰브레이커를 표적을 맞힐 때까지 빙빙 돌리며 던졌고, 스톰브레이커가 타노스의 가슴에 쿵 하는 둔탁한 소리를 내며 박혔다.

토르는 숨을 쉬기 위해 안간힘을 쓰고 있는 타이탄에게 걸어갔다.

"내가 말했지. 죽음으로 갚을 거라고." 토르는 스톰브레이커를 타노스의 가슴에 더 깊이 찔러 넣었고, 고통스러운 비명을 억누르게 했다.

타노스는 숨을 헐떡이며 토르의 시선을 마주한 채 오직 자신만 펀치 라인*을 알고 있는 농담에 사로잡혀 미소를 지었다.

"넌… 내 머리를 쳤어야… 쳤어야 했다." 타노스가 손을 들어 올리며 숨을 헐떡였다. 토르가 그의 손 위에 있는 인피니티 건틀렛을 보았고, 여섯 개의 모든 스톤이 빛나고 있었다. 타노스는 토르의 눈

★ **펀치 라인** : (농담에서) 핵심이 되는 구절

gave a bigger **grin** as Thor's eyes widened in horror.

"NO!"

Thanos snapped.

Thanos, the gauntlet no longer on his hand and dressed in a tunic, stepped out of a simple hut. He was no longer on Earth. In fact, he wasn't sure where he was.

A noise made him turn. He saw a young green-skinned child approach him.

"Daughter?"

"Did you do it?" she asked.

"Yes."

"What did it cost?"

With a heavy sigh, he answered. "Everything."

As quickly as his mind had **drifted**, it **snapped back** to focus and he was on Earth again, in Wakanda, Thor above him.

이 두려움으로 커지자 더 크게 미소 지었다.

"안 돼!"

타노스가 손가락을 튕겼다.

건틀렛은 더이상 타노스의 손에 없었고 튜닉*을 입은 그가 소박한 오두막에서 걸어 나왔다. 그는 더 이상 지구에 있지 않았다. 사실 그는 자신이 어디에 있는지 확신하지 못했다.

시끄러운 소리에 그가 몸을 돌렸다. 그는 초록색 피부를 가진 어린아이가 자신에게 다가오는 것을 보았다.

"딸아?"

"정말 했어?" 그녀가 물었다.

"그래."

"대가는 뭐였어?"

그가 무거운 한숨을 쉬며 대답했다. "모든 것."

타노스의 정신이 이동한 만큼 빠르게 초점이 돌아왔고, 그는 다시 지구, 와칸다에 있었으며 토르가 그의 위에 있었다.

★ **튜닉** : 소매가 없고 무릎까지 내려오는 헐렁한 웃옷

Thanos looked at the Infinity Gauntlet, which was cracked now, but the Stones still glowed. A teleportation portal opened behind him and Thanos vanished from Earth, leaving the **inhabitants** to discover the consequences of his actions.

"What did you do?" yelled Thor, but Thanos was gone.

Steve came running in. "Where did he go?" he asked Thor, but the Asgardian had no response. "Thor. Where did he go?"

Bucky's voice interrupted as he entered the clearing, walking strangely. "Steve?" Before he could say more, he dropped his gun and blipped out of **existence**. Steve ran to where his friend had been but there was no sign Bucky Barnes had been in that **spot**.

Across Wakanda, the same "blips" were happening as Wakandan **warriors** and citizens blipped out.

"Up, **General**, up! This is no place to die." T'Challa was helping Okoye to her feet as he started to blip. When he was gone, Okoye fell to the ground, searching **frantically**

타노스가 인피니티 건틀렛을 보자, 건틀렛은 이제 갈라져 있었지만 스톤들은 여전히 빛나고 있었다. 순간이동 포털이 그의 뒤에서 열렸고, 타노스는 지구의 거주인들이 자신이 한 행동의 결과를 알게 남긴 채 지구에서 사라졌다.

"무슨 짓을 한 거야?" 토르가 소리쳤지만, 타노스는 없었다.

스티브가 달려왔다. "놈은 어디 갔어?" 그가 토르에게 물었지만 아스가르드인은 대답이 없었다. "토르, 놈은 어디 갔냐고?"

버키의 목소리가 끼어들었는데 그는 이상하게 걸으며 빈터로 들어서는 중이었다. "스티브?" 그가 말을 더하기도 전에 총을 떨어뜨리더니 순식간에 사라졌다. 스티브는 친구가 있었던 곳으로 달려갔지만 버키 반즈가 그 자리에 있었다는 흔적도 없었다.

와칸다 쪽에선 와칸다 전사들과 시민들이 순식간에 사라지면서 동일한 '블립' 현상이 일어나고 있었다.

"일어나, 장군. 일어나! 여기는 죽을 곳이 아니야." 티찰라가 오코예가 일어서도록 도울 때 그에게서 블립이 시작됐다. 그가 사라지자 오코예는 바닥에 넘어졌고, 미친 듯이 왕을 찾았다.

for her king.

In the clearing near Okoye, Rocket sat by Groot, who was blipping out. "I am Groot." he said **weakly**.

"Oh. No..." Rocket's heart broke as his closest friend blipped out. **Nearby**, both Wanda and Falcon blipped out as well.

Across the galaxy on Titan, Mantis looked up.

"Something's happening," she warned just before blipping out, followed by Drax.

Quill looked at his arms and must have felt something because he managed to **utter** "Oh man" before blipping out himself.

From the rubble of the stairs, Doctor Strange called to Iron Man. "Tony." He **made sure** Tony was paying attention. "There was no other way." With that, he blipped out as well.

Tony spun, alone on Titan with only...

"Mr. Stark?" Peter Parker's voice was weak and scared.

오코예 근처 빈터에서 로켓은 그루트 옆에 앉아 있었는데 그루트가 순식간에 사라지고 있었다. “나는 그루트다.” 그가 힘없이 말했다.

“오, 안 돼….” 그의 가장 친한 친구가 순식간에 사라지자 로켓의 가슴은 무너져 내렸다. 가까운 곳에서 완다와 팔콘 또한 순식간에 사라졌다.

은하계를 가로질러 타이탄에서 맨티스가 위를 올려다보았다.

“뭔가 일어나고 있어요.” 그녀가 순식간에 사라지기 전에 경고했고 드랙스가 뒤이어 사라졌다.

퀼은 자신의 팔을 보았고 뭔가를 느낀 게 틀림없었다. 그가 순식간에 사라지기 전에 간신히 “이런.”이라고 말했기 때문이다.

닥터 스트레인지는 돌무더기 계단에서 아이언맨을 불렀다. “토니.” 그는 토니가 정신을 차리고 있는지 확인했다. “다른 방법이 없었어.” 그 말과 함께 그도 역시 순식간에 사라졌다.

타이탄에 혼자 남은 토니는 돌아섰다….

“스타크 씨?” 피터 파커의 목소리는 힘이 없고 불안했다. “기분

"I don't feel so good." Tony rushed to hold on to the teen.

"You're all right," Tony assured him.

"I don't know what's happening. I don't know." Peter began to **fight back tears** as he grasped Tony's hand. "I don't wanna go. I don't wanna go, sir. Please. Please. I don't want to go. I don't want to go." He began to blip out, uttering a final "I'm sorry" before he was gone.

"He did it." Nebula's voice came from behind Tony. He had forgotten she was still there. At least in this **decaying** part of the universe he wasn't completely alone, Tony thought. Then it struck him—what Nebula said.

Somewhere in a planet far away, the sun was setting. Thanos sat on the front steps as the **rays** hit his face. **For the first time** since he could remember, the Titan **genuinely** smiled. Thanos had won.

이 좋지 않아요.” 토니는 급히 달려가 그 십 대 아이를 붙잡았다.

“괜찮아.” 토니가 장담했다.

“뭐가 일어나고 있는지 모르겠어요. 전 모르겠어요.” 피터는 토니의 손을 잡으며 눈물을 참기 시작했다. “전 죽기 싫어요. 전 죽기 싫다고요. 제발. 제발요. 죽기 싫어요. 죽기 싫어요.” 그는 사라지기 전에 마지막으로 “죄송해요.”라고 말하고 순식간에 사라져 버렸다.

“놈이 해냈어.” 네뷸라의 목소리가 토니의 뒤에서 들려왔다. 그는 그녀가 여전히 그곳에 있다는 걸 잊고 있었다. 그는 적어도 소멸 중인 우주의 공간에서 완전히 혼자는 아니라고 생각했다. 그리고 네뷸라가 한 말은 그의 마음을 때렸다.

멀리 떨어져 있는 행성 어딘가에서 해가 지고 있었다. 타노스는 입구 쪽의 계단에 앉았고, 햇빛이 그의 얼굴에 닿았다. 그가 기억할 수 있는 시간 이후 처음으로 타이탄은 진정으로 미소를 지었다. 타노스가 이겼다.

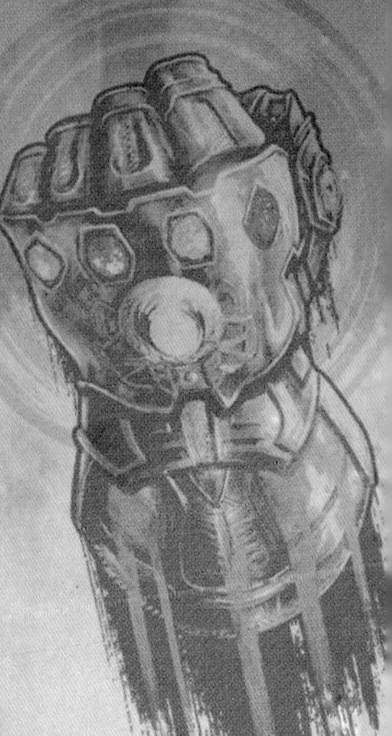

MARVEL
AVENGERS
INFINITY WAR

MARVEL
AVENGERS
INFINITY WAR

EPILOGUE

워크북 p91

New York was in **absolute chaos**. It was worse than the Children of Thanos, worse than the Chitauri. Wherever people looked, there were others blipping out of existence.

A helicopter without a pilot anymore crashed into a building. Cars smashed into each other, driverless. A black SUV **screeched** to a halt. Inside, Nick Fury turned to the driver, Maria Hill.

"Still no word from Stark?" he barked.

"We're watching every **satellite** on both **hemispheres**, but still nothing," she answered.

뉴욕은 완전한 혼돈 속에 있었다. 이것은 타노스의 자식들 상황보다 더 심각했고, 치타우리족 상황보다도 심각했다. 눈길이 닿는 곳 어디에나 순식간에 사라지는 사람들이 있었다.

더이상 조종사가 없는 헬리콥터는 건물과 충돌했다. 차들은 운전자 없이 서로 부딪혔다. 검정색 SUV가 끼익하는 소리를 내며 멈췄다. 닉 퓨리가 운전중인 마리아 힐에게로 고개를 돌렸다.

"스타크에게선 아직도 소식이 없나?" 그가 소리치며 말했다.

"북반구와 남반구에 있는 모든 위성을 주시하고 있지만, 여전히 아무것도 없어요." 그녀가 대답했다.

Fury **hopped out of** the car with Hill. "Call control. Code red," he ordered.

But she didn't answer. "Nick," her voice was soft. Nick Fury turned in time to see her blip out.

"Oh, no." ❶Nick took out an **old-school** 1990s-**era pager** and punched in a **sequence** of **digits** just as he saw his own hand start to blip out.

The device fell to the ground, **flashing** the word "Sending… Sending…" Finally, it connected. The device lit up.

❷On the display was a red, blue and yellow **insignia**. If anyone saw it, they might not have recognized it. But to those who knew, it **absolutely** meant something—or someone—had **received** the call for help.

퓨리와 힐은 차 밖으로 뛰어나갔다. "본부에 알려. 코드 레드*다." 그가 명령했다.

그러나 그녀는 대답하지 않았다. "닉." 그녀의 목소리가 약했다. 닉 퓨리가 몸을 돌리자 그녀가 곧바로 사라졌다.

"오, 안 돼." 닉은 1990년대 구식 호출기를 꺼내 연속적인 숫자를 눌렀고 바로 그때 자신의 손이 사라지기 시작하는 것을 보았다.

장치가 땅에 떨어졌고, 단어가 깜빡였다. '전송 중··· 전송 중···.' 마침내 연결됐다. 장치가 밝아졌다.

화면에는 빨간색과 파란색, 노란색 휘장이 있었다. 만약 다른 이가 이것을 봤다면 알아보지 못했을지도 모른다. 그러나 이 휘장을 알고 있는 사람들에게 이것은 분명히 무언가 혹은 누군가가 도움 요청 신호를 받았다는 것을 의미했다.

* **코드 레드** : 테러 등 고도의 위협이 있을 때 발령하는 미국의 경계태세

30장면으로 끝내는

스크린 영어회화 – 알라딘

구성

- 전체 대본
- 훈련용 워크북
- mp3 CD

라이언 강 해설 | 362면 | 18,000원

국내 유일 ! 〈알라딘〉 전체 대본 수록 !

아그라바 왕국에서 펼쳐지는 마법 같은 모험!
〈알라딘〉의 30장면만 익히면 영어 왕초보도 영화 주인공처럼 말할 수 있다!

난이도	첫걸음 · 초급 · 중급 · 고급	기간	30일
대상	영화 대본으로 재미있게 영어를 배우고 싶은 독자	목표	30일 안에 영화 주인공처럼 말하기